**사랑할수록
나의 세계는 커져간다**

일러두기

➡ 본 도서에는 작가 특유의 문체와 글의 생동감을 살리기 위해 규범 표기를 따르지 않은 표현이 존재합니다.
➡ 인터넷 밈 등의 은어는 각주를 달았습니다.
➡ 소설 단행본의 제목은 《 》로, 영화, 드라마, 노래, 단편소설 등의 제목은 〈 〉로 표기했습니다.

어떤 순애의 기록

사랑할수록
나의
세계는
커져간다

김지원 지음
(편안한제이드)

RHK
알에이치코리아

추천의 글

　이 사랑에는 돈이 든다. 돈만 들면 그나마 다행, 시간과 체력까지 요구된다. 그래도 좋아서 돈과 시간과 체력을 아낌없이 쏟아부었건만 신문 사회면에서 상대의 근황을 접할 때도 있다. 도대체 왜일까? 이 사랑을 멈출 수 없는 까닭은. 이 밖에도 셀 수 없이 많은 곤란과 '현타'에도 불구하고.《사랑할수록 나의 세계는 커져간다》는 이 문제에 기꺼이 답하고자 하는 한 덕후의 이야기다. 덕질하다 얻은 상처를 담담히 드러내는 한편, 이 사랑이 주는 성장의 동력을 진솔하게 그려 낸다. 좋아하는 것이 늘어날 때마다, 새로운 사랑을 시작할 때마다 세계의 경계는 한 발짝 늘어나고, 이전보다 커다래진 세계를 끌어안기 위해서 나도 함께 커질 수밖에. 나와 함께 성장하는 이 사랑은 나의 생활이고, 나의 자산이며, 급기야는 나를 이루는 정체성이기도 하다. 말하자면 나는, 사랑을 하는 사람. 이 사랑이 나를 여기에 데려왔다고, 지금 이 순간까지 나로 살게 했다고 고백할 수 있는 사람. 덕질 경험이 있는 사람이라면 누구나 이 '덕차오름'에 동기화될 것이다.

_박서련(소설가)

'덕질'을 '덖질'로 바꿔 부르면 어떨까. 이 책을 읽는 동안 문득 그런 생각이 들었다. 덖는다는 건 뜨거운 시간을 견디는 일이다. 색이 짙어질 때까지 천천히, 타지 않을 정도로 오래, 때론 타버려도 좋다는 용기로 이뤄진 덖음의 과정은 덕질과 닮아 있다. 《사랑할수록 나의 세계는 커져간다》는 단단한 무쇠솥 같은 덕심으로 잘 덖어 낸 애정의 기록이다. 작가는 덕질을 통해 타인과 연대하고, 열광의 순간뿐 아니라 식어 버린 지난 사랑까지 포용하며, 좀처럼 사랑할 수 없던 자신을 온전히 받아들인다. 절망을 녹일 수 있는 사랑이란, 묵묵한 인내와 시간의 축적, '꺾이지 않는' 무언의 믿음에서 발현된다고 이야기해 주는 이 책이 나는 그저 미더웠다.

 짙게 익고 부드럽게 눅은 '덖질' 덕에 우리의 '최애'는 무대 위에서도, 그 바깥에서도 늘 외롭지 않을 것이다. 비단 최애뿐이겠는가. 은은한 온기를 띤 덖질이 오늘도 누군가의 출근길을 유쾌하게 밝혀 주고, 은둔하던 이가 집 밖으로 한 발 나설 수 있도록 돕고, 어디에도 기대지 못하는 고독한 이들의 마음을 고르게 데워 줄지도 모르니 말이다.

_성해나(소설가)

목 차

프롤로그 010

1장 덕후로 사는 건 롤러코스터를 타는 것과 같아서

덕후의 DNA를 타고난 자
: 사랑에 빠지는 것은 내 의지대로 되는 게 아닙니다 016

공공기관 다니면서 몰래 덕질합니다
: 왜 몰래 하는지는 모르겠지만 021

나 좋자고 하는 덕질에서 고통받기
: 덕질하면 좋은 일만 있는 것은 아니다 026

솔플은 외롭지만 편해
: 뭐든 장단이 있는 거겠지요 032

비공굿의 중독성에 대하여
: 포토카드와 컵홀더와 스티커와 037

공백기를 버티는 덕후의 심정
: 휴덕, 기다릴수록 애틋해져 가 042

스탠딩과 좌석 중에서 좌석을 맡고 있습니다
: 저질 체력도 오프 뛸 권리가 있다 047

덕질은 곰손도 포토샵 배우게 만든다
: 인간은 필요로 인해 발전한다   052

적당히 평범하게 사는 걸로 합의합시다
: 제발 내가 탈덕하지 않게 해 줘   057

네! 저는 잡덕입니다
: 인정해 버린 내 정체성   062

슬기로운 덕질 소비 생활
: 내 월급은 다 어디로 갔을까?   066

2장 나의 덕질 연대기, 아이돌부터 프로게이머까지

가장 불타오르는, 그래서 재가 남는 덕질
: 나의 덕질 연대기 ① 아이돌 편   072

가볍게 오래 좋아할 수 있는 덕질
: 나의 덕질 연대기 ② 배우 편   078

서사와 관계성에 미치는 덕질
: 나의 덕질 연대기 ③ 드라마 편   084

인생에 도움이 되는 덕질
: 나의 덕질 연대기 ④ 일본 연예인 편   092

아주 비싸고 예쁜 덕질
: 나의 덕질 연대기 ⑤ 구체관절인형 편   099

승리를 넘어 행복을 응원하는 덕질
: 나의 덕질 연대기 ⑥ 프로게이머 편   104

외로울 때 곁에 있는 덕질
: 나의 덕질 연대기 ⑦ 인터넷방송 편   112

'이런 분야까지?' 소리가 나오는 덕질
: 나의 덕질 연대기 ⑧ 기타 카테고리 편   117

덕질이 시작되는 순간
: 입덕은 보통 이렇게 진행됩니다   126

3장 덕질 비하인드 스토리

꺾이지 않는 마음으로
: 그럼에도 계속해 나간다는 것   132

망한 아이돌을 좋아하면서 얻은 것
: 능력주의의 함정에서 벗어나기   137

좋아하는 것조차 영원하지는 않아
: 당장 절실하게 좋아해야 하는 이유   143

비행기 격납고에서 울어 보셨는지요?
: 놀랍게도 전 오열해 봤습니다   148

최애가 버추얼 아이돌이 된 건에 대하여
: 최애를 최애라 부르지 못하는 슬픔   153

내 새끼가 제일 잘됐으면 좋겠다
: 저 자리에 내 새끼가 들어갔으면   158

덕질에 끝은 없어
: 불같은 열정은 없어졌어도, 네가 잘되길 응원해   162

4장 지나가는 덕후의 개똥철학

덕질은 훌륭한 회피 수단
: 좋아하는 것에서 일상을 살아갈 에너지 얻기   168

팬과 연예인의 관계라는 건
: 너의 일상을 응원해, 밥잘잠잘!   171

안 고독한 방, 우리는 서로의 안녕을 바란다
: 고독방, 사진으로 대화합니다   176

탈덕할 때의 예의
: 좋은 추억으로 남기기로 해   180

라떼의 덕질은 말이야
: 1세대와 5세대 덕질을 비교해 보았습니다   185

덕질은 결국 나를 사랑하는 것
: 소설 합평을 들으면서 느꼈던 것   189

에필로그   193

프롤로그

♥

♥

♥

 고백하자면 나는 최애의 해외투어를 따라다닐 정도로 열렬한 덕후는 아니다. 덕질 관련 책의 첫머리에 대체 무슨 이야기를 하는 건가 싶을 것 같은데, 사실이다. 아이돌 덕질? 물론 했지만 사인회나 사녹에 간 적도 없고, 배우를 덕질할 때도 팬레터를 직접 전해 준 적도 없다. 덕후들에게 성적을 매겨 줄 세우기를 한다면 나는 아마 덕력 중하위권 정도에 속하지 않을까? 그런 사람이 덕질에 대한 글을 쓰다니, 정말 이상하지 않은가? 글을 쓰는 스스로도 그 점이 참 신기하고 새삼 놀라웠다. '나는 그냥 살면서 소소하게 덕질을 해 왔을 뿐인데, 이게 책으로 낼 정도의 분량이 되네?' 싶었다.

하지만 돌이켜 생각해 보면, 덕질만큼 내 인생에서 지속적으로 주요한 영향을 미쳤던 것도 없었다. 아무것도 모르던 초등학생에게 처음으로 인터넷 세상의 재미를 알려 준 것은 그 당시 동경했던 아이돌이었다. 고3 때 야자 안 하면 6시 30분 생방, 야자 하면 11시 재방으로 스타크래프트 중계를 보면서 하루의 스트레스를 풀던 때가 지금도 기억에 생생하다. 좋아하는 배우가 나오는 영화 보겠다고 전주까지 내려갔던 기억, 갖고 싶은 인형을 중고 거래하느라 설레던 기억 등 재미있고 즐겁고 짜릿하고 신났던 그 모든 기억은 덕질 속에서 이루어졌던 것들이었다.

그러니 내 삶에 대한 글을 써 보기로 마음먹었을 때 덕질이라는 소재가 가장 먼저 떠올랐던 것도 이상한 일은 아니었다. 대상만 바뀌었을 뿐 거의 평생 진행 중인 즐거운 일이니까. 하지만 단순한 취미생활에 그쳤다면, 이렇게 책으로 쓰려고 하진 않았을 것 같다. 덕질은 나에게 취미라기보다는, 하나의 마음 치유 활동에 가까웠다. 정신적으로 무탈하지는 않았던 인생에서 짜증 나고 힘들고 외로울 때 삶의 의미를 찾을 수 있는 어떤 것이었다. 잠들지 못하는 밤 나를 위로해 줬던 노래, 지루한 일상에 짜릿한 희열을 더한 승리의 순간. 그 모든 것들은 덕질에서 비롯되었다.

여기서 잠깐, 이 책에서 '덕질'이라는 단어를 사용할지 아니면 다른 대체어를 쓸지 고민이 많았다. 일단 '덕'이라는 말 자체가 너무 복합적인 의미를 담고 있어 혹시나 부정적으로 느껴질까 싶어서였다. 하지만 덕질은 이제 대중적으로 사용되는 단어가 되었으니 나도 일단은 어떤 대상을 좋아해서 시간과 열정과 돈을 쏟는 모든 행위를 덕질이라 부르겠다.

이 책은 덕질 너무 좋으니 같이 하자고 권유하는 책은 아니다. 그럼에도 누군가를 최애로 두고 있는 덕후들에게 꼭 하고 싶은 말이 있다. 덕질하는 동안 우리 모두 꽤나 즐거웠다는 것! 쓸모없는 짓이라는 주위의 비웃음이 있을지

언정, 덕질했던 시간은 덕후에게 나름의 소중한 의미를 가진다. 그 소중한 의미를 제대로 말하고 싶었다. 그만큼 즐거운 덕질의 세계를 이제 하나씩 공개한다.

1장

덕후로 사는 건 롤러코스터를 타는 것과 같아서

덕후의 DNA를
타고난 자

**사랑에 빠지는 것은
내 의지대로 되는 게 아닙니다**

"너는 어디서 그렇게 자꾸만 사랑하는 것들을 발견하는 거야? 그리고 어쩜 그렇게 열정적으로 좋아하는 거야?"

덕후가 아닌 친구는 늘 나를 보며 놀라워했다. 그 친구는 살면서 그렇게 푹 빠져서 뭔가를 덕질해 본 적이 한 번도 없다고 했다. 나는 그 친구가 안타까우면서도 한편으로는 부러웠다. 아마 덕후의 DNA를 타고난 사람이 '머글'[1]을 바라볼 때의 복잡한 소회에서 비롯된 것일 테다.

---

[1] 소설 《해리 포터》 시리즈에서 마법을 모르는 일반인을 일컫는 말로, 덕후들이 덕후가 아닌 사람을 지칭할 때 사용하는 단어가 되었다.

그렇다. 나는 '덕후'로 태어났다. 자아가 완전히 형성되기도 전인 초등학교 저학년일 때부터 스스로를 누군가의 '팬'이라 지칭했다. 무언가를 좋아하면 마음이 불같이 활활 타올랐다. 아이돌을 좋아하기 시작하면 당연히 팬카페에 가입하고 모든 굿즈를 사고 멤버들의 정보를 달달 외웠다. 드라마를 좋아하면 한 컷 한 컷을 나노 단위로 앓았고 블루레이 추진 카페에 가입했고 기어코 블루레이를 손에 넣었다. 20대 초반까지는 좋아하는 게 생기면 모두가 나처럼 하는 줄 알았다. 누구나 마지막의 마지막까지 파고들어 관련된 모든 것을 손안에 쥐고 싶어 하는 줄 알았다.

하지만 나이가 들면서 덕후가 아닌 친구들이 생기기 시작했고, 그 친구들이 '좋아하는' 방식은 나와 꽤 다르다는 것을 깨달았다. 친구는 아이돌에 관심이 생기면 앨범을 한 장 사고, 노래를 즐겨 듣는 수준으로 좋아하는 마음을 표현했다. 재미있게 보는 드라마가 없는 건 아니지만 끝나면 미련 없이 다른 콘텐츠로 갈아탔다. 애초에 뭔가에 푹 빠져서 딥하게 파지를 않았다. 나와 다른 애정의 상한선이 신기할 따름이었다.

덕후가 아닌 친구들은 덕후로 사는 나를 부러워하곤 했다. 뭔가를 열정적으로 좋아하고, 그 사랑에서 일상을 살아갈 힘을 얻는 모습이 좋아 보인다는 것이었다. "나도 뭔가를 그렇게 좋아해 보고 싶은데 그게 안 돼"라며 안타까워한 친구도 있었다. 덕후의 관점에서 보면 오히려 반대로 덕후가 아닌 삶을 살고 싶을 때도 있다. 덕후로 살기란 결코 쉽지 않다. 덕질이라는 행위는 고통을 수반한다. 적당히 좋아하면 긍정적인 에너지만 얻고 스트레스까지는 안 받을 것을, 그 단계를 넘어서 최애最愛에게 지나치게 과몰입해 고통과 마음의 상처까지 같이 얻는다. 일거수일투족을 관찰하니까 알고 싶지 않았던 최애의 다소 지질한 모습까지 알게 되기도 한다.

입덕할 때의 달콤한 설렘은 잠시뿐, 그 이후에는 즐거움과 함께 불안과 괴로움을 친구처럼 끼고 가야 하는 것이 덕질이다. 사실 나는 새로운 대상을 덕질할 때마다, 다시는 이 분야의 덕질을 하지 않겠다고 다짐한다. 예를 들면 아이돌을 덕질하면 다시는 아이돌 판에는 돌아오지 않겠다는 식이다. 본격적으로 덕질을 하다 보면 그 업계의 더러운 점을 너무 잘 알게 되는데, 사랑한다는 이유로 감정을 저당 잡혀 사는 것 같은 그 기분이 참 별로이기 때문이다. 그렇지만 정신을 차리면 나는 또 누군가를, 무언가를 덕질하고 있었다. 왜일까?

어쩔 수가 없다. 이 장의 제목 그대로, 나는 덕후의 DNA를 타고났다. 뭔가 좋아하는 대상이 생기면 그 대상에 대해 더 알고 싶어지고, 알면 알수록 사랑하고 싶어지고, 사랑하면 사랑할수록 그의 미래를 응원하게 된다. 이 과정이 물 흐르듯 이어지므로 내 의지로 멈출 수가 없다. 연예인을 덕질하면 그 연예인의 SNS를 탐독하고, 트위터(현 X)에 덕계[2]를 만들어 최애를 찬양하는 글을 써 재낀다. 드라마를 덕질하면 드라마 관련 굿즈를 싹쓸이하고 블루레이를 사서 좋아하는 장면을 달달 외울 때까지 돌려본다. 그게 나의 '무언가를 좋아하는' 방법이다. 덕질은 패키지 상품과 같아서 즐거움과 함께 괴로움도 겪어야 하지만, 어쩌겠는가? 이렇게 태어나 버린 것을.

---

[2] 덕질만 하기 위해 만든 계정. 일상 이야기를 하는 일상계와 다르게 덕계에서는 해당 덕질 주제에 관한 이야기만 하는 것이 보편적이다. 여러 덕질을 할 때는 파는 장르마다 덕계를 만들어 사용하는 사람도 많다.

덕질은 돌려받을 수 없는 외사랑을 하는 것 같아 싫다는 사람도 많지만, 나는 오히려 돌려받을 생각 없이 쏟아붓는 사랑이기에 더 매력적이라고 말하고 싶다. 오직 좋아하는 마음만을 가지고 응원하기 때문에 애틋한 마음으로 최애를 순수하게 바라볼 수 있다. 썩은 표정으로 회사에서 일하다가도 최애가 인스타그램에 게시물을 올렸다는 알림이 뜨면 나도 모르게 잇몸이 만개하는 미소를 짓는, 그것이 덕질의 본질이다. 어찌 되었든 간에 덕질은 지난한 일상을 구원해 준다. 지루하고 우울한 일상을 스펙터클한 판타지 세계로 만들어 준다. 그것만은 확실하다.

공공기관 다니면서
몰래 덕질합니다

**왜 몰래 하는지는
모르겠지만**

　보수적이고 직원 평균연령이 40대인 공공기관에 다닌 지도 10년이 넘었다. 어딘가 나사 하나가 비뚤어진 성격인 나로서는 견디기 힘든 생활이었으나, 특유의 과도한 성실함과 인정욕구로 꾸역꾸역 지난 10여 년을 버텼다. 누구 집에 수저가 몇 벌이나 있는지 알 것 같은 (가족 같은 분위기의) 회사에 다니면서 나는 점점 사생활을 동료에게 이야기하지 않게 되었다. 그중에서도 내가 절대 들키기 싫어했던 사생활이 바로 '덕질'이었다.

요즘은 덕질의 시대라고들 한다. 음지의 취미였던 덕질이 예전에 비하면 완전히 일상의 영역으로 올라왔다. 포토카드 바인더를 다이소에서 구매할 수 있고, 누군가의 생일카페[3]가 성수동 한복판에서 열린다. 많은 덕후가 자신의 덕질을 자랑스럽게 드러내고 있다. 사무실 책상에 자신의 최애 사진을 올려 정성스럽게 꾸미고 일하는 사람도 흔히 볼 수 있다. 이러한 시대의 흐름에 맞지 않게, 나는 현재 덕질을 절대 공개하지 않는다. 왜일까?

일단 쑥스럽다. 평소 회사에서의 나를 이모티콘으로 표현한다면 (-_-)에 가까울 것이다. 예의는 있되 쉽게 웃지는 말자는 마인드로 일하고 있다(그게 실제로 되고 있는지는 잘 모르겠지만). 하지만 덕질을 하고 있을 때의 나는 이모티콘으로 (+ㅁ+)에 가깝다. 기본적으로 히히 웃고 있으며, 즐거운 일이라도 생긴다면(대형 떡밥이라도 떨어질 때) 그야말로 꺅 소리를 지르며 행복에 겨워한다. 이모티콘으로 표현하면 ()ㅁ() 정도일까? 그러다 보니 무표정을 유지하

---

[3] 최애의 생일을 기념해 팬들이 이벤트를 여는 카페. 온통 최애의 사진과 굿즈로 공간이 꾸며진다. 방문해 음료를 주문하면 컵홀더, 엽서 등 최애의 비공식 굿즈를 받을 수 있다. 줄임말 '생카'를 많이 쓴다.

고 있는 회사에서 덕후의 모습을 보이는 것은 어쩐지 부끄럽고 내키지 않는다. 이미지 관리를 위해서라도 덕질은 잘 숨기는 것이 여러모로 이롭다.

또한, 나에 대해 회사에서 좋은 뜻으로든 나쁜 뜻으로든 그 어떤 말이 나오는 것을 별로 원하지 않는다. 기본적으로 남의 말을 하기 좋아하는 사람들이 모인 곳이 회사다. 다른 사람이 조금이라도 평균치에서 벗어나는 어떤 행동을 한다면, 그 행동은 쉽게 화제에 오른다. 옆 팀 차장님네 둘째가 무슨 대학교에 들어가서 남자친구를 사귀는지 마는지까지 알 수 있는 회사에서 내가 덕질하고 있는 대상이 알려진다면, 어떻게 될지 안 봐도 뻔하다. 그 덕질 대상이 뉴스에 오르내릴 때마다 "지원 씨가 좋아하는 걔가 어제 말이야~"라는 말을 백 번쯤 듣게 될 것이다. 그것만은 정말 싫다!

그럼에도 불구하고, '공공기관에 다니는 나'로서의 자아도 지켜야 하는 한편 '덕후로 사는 나'의 자아도 잘 꾸려나가야 했다. 그래서 나름의 몇 가지 원칙을 세웠다.

첫째, 현재 진행 중인 덕질은 절대 이야기하지 않는다.

모 아이돌을 미친 듯이 좋아했던 시절이 있었다. 당시 그 아이돌은 선풍적인 인기를 얻고 있었기에, 회사에서 덕질 중임을 이야기하는 사람도 꽤 많았다. 하지만 나는 최대한 끝의 끝까지, 덕질을 부정하려 노력했다. 현재 인기 있는 아이돌을 좋아하는 것을 들키면 소문이 다음 날 회사 끝까지 퍼질 테니까!

"그 아이돌 저도 좋아하는 편이에요. 방송 좀 챙겨 보고요. 호호."

이렇게 말하고 다녔지만, 사실 매일 자는 시간을 줄이며 미친 듯이 덕질하고 모든 투표에 목숨 걸고 참여하고 있었음을 이 자리에서 밝혀 본다.

둘째, 지나간 덕질에 대해서는 어느 정도 이야기를 푼다. 덕질 관련해 아무 말도 하지 않는다면 매일 돌아오는 점심시간에 할 스몰토크 소재가 하나도 없다. 퇴근하고 집에 가면 하는 일의 80퍼센트는 덕질인 나에게 "주말에 뭐 했어?"라는 질문은 대답하기 참으로 어렵다. 그러니 과거 덕질 이야기라면 어느 정도는 내려놓고 하는 편이다. 물론 회사를 오래 다니다 보니 예전 일이랍시고 "아그때 저 그 가수 좋아해서 막 고척돔 콘서트도 가고 그랬는데" 하고 얘기했다가 "어? 그때도 나랑 같은 팀이었는데, 그때 그 가수를 그렇게 좋아했었나?" 하고 역질문을 받아서 진땀을 흘린 적도 있긴 했다. (이게 다 한 회사를 오래 다녀서 그렇다.)

셋째, 절대로 다른 덕후를 비난하지 않는다. 용감히 회사에서 자신의 덕질을 드러낸 덕후 사원들은 (아마도) 미래의 내 지원군이다. 혹시나 나의 덕질이 알려지게 되었을 경우, 덕후로서의 나를 그나마 인정해 주고 지켜 줄 몇 안 되는 사람들인 것이다. 그러니 그들의 덕질 취향이 나와 안 맞더라도(내가 별로 좋아하지 않는 대상이더라도) 그들의 덕질을 매우 적극적으로 응원한다. 그들이 먼 훗날 나의 원군이 되길 바라며.

나 좋자고 하는
덕질에서 고통받기

덕질하면
좋은 일만 있는 것은 아니다

SNS에서 떠도는 '덕질유형 테스트'라는 것을 한번 해 봤다. 나는 '데스티니 덕후'가 나왔는데, '덕질도 현생도 적절히 신경 쓰며 행복하게 덕질하는 편'으로 어덕행덕[4]력이 만점이 나왔다.

실제로 나는 덕질할 때 최우선 가치를 어덕행덕에 두는 편이다. 나 행복하고 좋자고 하는 덕질인데 거기에서 괴

---

[4] '어차피 덕질할 거 행복하게 덕질하자'의 줄임말.

로움을 얻으면 다 무슨 소용이란 말인가? 그러니 좋아할 때는 마음껏 좋아하고, 싫은 부분이 더 커지면 덕질을 그만둔다. '짜증 내고 화내면서 덕질하지 말기'를 철칙으로 둔다. 그러나 인생과 마찬가지로 덕질도 내 마음대로만 되는 것이 아니어서, 결국 하다 보면 스트레스를 받는 일이 생기기 마련이다. 이번엔 그런 상황을 이야기해 보려 한다.

나는 덕질의 기본 속성 중 하나가 '과몰입'이라고 생각한다(마침 덕질유형 테스트에도 '어덕행덕'과 같이 '과몰입력'이 속성 중 하나로 제시되고 있었다). 덕질을 시작하면 그 대상에 대해 매우 집중하며, 사소한 손짓, 눈빛 하나하나에 (좋은 쪽으로) 의미 부여를 하게 된다. 그냥 아는 배우, 아이돌, 게이머였던 사람은 내 배우, 내 아이돌, 내 게이머가 된다. 그의 행복을 진심으로 빌며, 그의 성공이 마치 나의 성공인 것마냥 기뻐한다. 내가 딱히 뭔가를 하지도 않았는데 내 최애가 행복한 기분을 선물해 준다? 이보다 더 좋을 수가 없다.

문제는 덕질의 대상이 누구든(보통은 사람이니 누구라 칭해 본다), 그도 사람이기에 좋은 일만 겪을 수는 없다는 것이다. 당연히 그의 인생에도 시련이 있고 억울한 일, 나쁜 일이 생기기 마련이다. 그 순간 이제까지 긍정적인 영향을 미쳤던 과몰입은 역으로 나를 공격한다. 내 일도 아닌 남(최애)의 시련에 마치 내가 그 시련을 겪는 것처럼 고통스러워하는 것이다.

내가 겪은 일을 말해 보자면, 내가 정말 좋아했던 아이돌이 전혀 근거 없는 억울한 루머에 시달리며 꽤 오랜 기간 실시간 검색어 순위(당시엔 네이버 실시간 검색어 순위가 존재했다) 1위를 기록했던 적이 있었다. 팬의 한 명으로서 나는 내 아이돌이 너무 걱정되었고, 아무것도 모르는 머글들이 루머를 쉽게 믿어버리는 것에 대해 화가 났다. 내 아이돌을 검색하면 나오는 연관검색어는 엉망이 되었고, 나를 비롯한 팬들은 수시로 그 루머 관련 연관검색어를 없애기 위해 다른 검색어로 검색하는 '노동'을 했다. 그 루머에 시달렸던 몇 주간 나는 일이 손에 안 잡힌다는 게 뭔지를 경험했다. 나와는 아무 상관 없는 사람의 억울한 일이었지만, 내 일상의 영위에 위협이 갈 정도로 힘들어했던 기억이 있다.

또 다른 기억은 탈락에 관한 것이다. 내 아이돌(위에서의 내 아이돌과 다른 이임을 밝힌다)이 소위 서바이벌 프로그램에 나온 적이 있었다. 매주 몇 명씩 탈락하고 마지막에 남은 몇 명만이 데뷔라는 특전을 받는, 요즘은 너무 흔해진 그 포맷이었다. 그 프로그램에서 내 아이돌은 마지막의 마지막까지 버티다가 최종 선발에서 떨어졌다. 나는 지금도 그 프로그램의 마지막 방송에 대한 기억이 흐릿하다. 그날 생방송으로 보고 다시는 보지 않았으니까. 내 아이돌이 떨어진 순간 TV를 껐고, 족발에 소주를 시켰다. 그날은 술을 매우 많이 마시고 잔뜩 취해 잠들었고, 그 이후 며칠을 고통으로 보냈다. 웃기게도 체감상 회사 면접을 보고 떨어졌을 때보다 더 힘들었다.

나에게 한없이 소중한 존재가 된 최애에게 힘든 일이 생기면 나도 고통스러울 수밖에 없다. '나'에게 시련이 닥치면 그 시련을 이겨내기 위해 내가 이것저것 시도해 볼 수 있지만, 최애의 일은 내가 나서서 해결할 수 있는 게 아니라 스스로가 무력하게 느껴지기까지 한다. 내가 해 줄 수 있는 건 오직 응원뿐인데, 그게 실제로 도움이 될지도 알 수 없다. 이런 고통을 느끼지 않고 덕질하는 방법이 있을까? 답은 '적당히 덕질하는 것'이 되겠다. 너무 과하게 좋아하고 몰입해서 최애와 나를 동일시하지 말고, 그 사람은 그 사람의 삶을 살고 나는 내 삶을 사는 것이니 너무 신경 쓰지 말자라는 마음으로 덕질하면 된다.

하지만 다시 처음으로 돌아가서, 그렇게 적당히 하는 덕질이 과연 행복할까? 결론부터 말하자면 난 아니라고 생각한다. 결국 덕질은 과몰입에서 즐거움을 얻는 과정이다. 내 가수, 내 아이돌, 내 배우처럼 나의 것이라고 애착을 가져야 그 대상에게서 행복을 받을 수 있다. 애착을 가졌는데 어찌 즐거움만 얻을 수 있겠는가? 희로애락이 있는 사람을 좋아하게 된 이상, 그의 고통과 슬픔까지 공감할 수밖에 없을 것이다.

다만 늘 내가 다짐하는 건, 덕질의 강도가 내 삶을 해칠 정도까지 가면 안 된다는 것이다. 일상에 아주 약간, 약~간 영향이 갈 정도까지는 괜찮겠지만, 위에서 언급했던 두 사례처럼 격하게 힘들 정도까지는 가지 않으려 하며 그 정도까지 갔다면 차라리 탈덕하려고 노력하는 편이다. 덕질은 결국 나 좋자고 하는 것이니까. 덕질에서 얻는 기쁨보다 고통이 더 많아지는 순간 그 덕질은 의미를 잃고 만다. 물론 현실에서는 수학 계산처럼 '마이너스가 더 많아졌네? 덕질 그만!' 하며 그만두는 것이 쉽게 되지는 않는다. 사실 그마저 덕질의 재미일 것이라고 스스로를 합리화해 본다.

솔플은
외롭지만 편해

**뭐든 장단이
있는 거겠지요**

 덕질을 참 다방면으로 했으나 대부분의 시간을 혼자 지내왔다. 어릴 때야 보통 누군가의 팬이니까(만나면 H.O.T. 팬인지 god 팬인지로 서로를 소개하던 시대) 친구와 덕질 얘기를 많이 나누곤 했지만, 그 이후로 덕질은 '내 인생에서 중요하지만, 주변 지인과 공유하지는 않는 취미' 정도로 자리 잡았다. 그렇다고 딱히 덕질을 하는 과정에서 덕메[5]를 새로 사귀지도 않았다. 덕질에서 교류하는 건 어디까

---

[5] 덕질을 함께 하는 친구를 지칭하는 덕질메이트의 줄임말.

지나 온라인으로 멘션[6] 주고받기 정도만 했고, 개인적으로 친해져서 오프라인에서 만난다거나 연락한 적은 거의 없었다.

 이렇게 솔플을 하는 것에는 외로움이라는 단점이 있다. 덕질을 하다 보면 누구나 벅차오르는 감정을 느낄 것이다. 내 최애가 너무 멋져서 가슴이 떨릴 때도 있고, 내 최애 드라마의 오늘 회차 내용이 너무 완벽해서 이 감동을 누군가와 나누고 싶을 때도 있다. 그런데 이런 상황에서 혼자 덕질하는 사람은 그 감정을 공유하기가 어렵다. 물론 각종 커뮤니티나 SNS에서 이 미친 감정을 털어놓을 수는 있지만, 아무래도 내 덕질을 완전히 이해할 수 있는 덕메와 수다를 떨며 감동을 나누는 것만 못하다.

 그럼 덕메를 만들면 되지 왜 혼자 덕질하냐고 묻는다면 여러 가지 이유를 말할 수 있다. 워낙 친구를 만들지 못하는 소심한 성격도 큰 역할을 하겠으나 그보다는 내 덕질

---

[6] X에서 공개적으로 대화를 나누는 것

방식은 확고하고 그 방식을 벗어나면 같이 즐겁게 덕질할 수 없는 의외의 단호함이 있어서인 듯하다. 나는 최애에게 빠지는 포인트나 실망하는 점, 그럼에도 불구하고 괜찮은 점에 대한 생각이 나와 다를 경우 같은 대상을 덕질하더라도 말을 편하게 하기가 어렵다. 극단적인 예로 나는 내 아이돌이 연애하는 게 괜찮은데, 내 덕메는 그가 연애하는 것에 상처 입고 최애에게 실망했다고 할 수 있다. 그럴 때 나는 정말 괜찮아서 상처받은 덕메를 달래며 그의 슬픔에 공감하기가 어렵다. 하지만 친구란 무릇 친구의 슬픔에 충분한 공감 표현을 해야 한다. 여기에서 갈등이 생기기 때문에, 덕질메이트를 만드는 것이 나에게는 여전히 어려운 일이다. 덕질 계정을 운영하면서 그때그때 편하게 팔로우와 언팔로우를 할 수 있는 정도로 사이를 유지하는 것이 여러모로 마음 편하다.

덕질하는 과정에서 덕메를 못 만들 뿐이지, 나도 친구와 같이 덕질하고 싶은 마음은 굴뚝같다. 이상하게도 이미 친구인 사람과 같이 덕질하면서 의견이 안 맞는 건 대수롭지 않기 때문이다(신뢰 관계를 이미 구축한 사이라고 느끼기 때문인 것 같다). 친해서 이미 편한데 가장 열정적인 취미생활까지 같다? 이것만큼 즐거운 일이 없다. 그래서 나는 일단 덕질을 시작하면 주변에 영업을 시도하는 편이다. 이 좋은 거 많은 사람이 알았으면 좋겠다는 영업자의 마인드도 있지만, 사실은 같이 덕질을 즐기기 위한 이기적인 마음에서 시작한 게 대부분이다. 열 번 영업하면 한 번 정도는 성공할 때도 있어서, 친구 혹은 가족과 같은 아이돌을 좋아해 본 시기도 있었는데 아마 그때가 내가 제일 재미있게 덕질했던 시기가 아닐까 싶다.

혼자 덕질한다고 늘 외롭게 홀로 있는 것만은 아니다. 같이 덕질하는 사람들 사이에는 실제 친분이 없어도 존재하는 연대 의식 덕분에 오히려 훈훈한 경험을 많이 했다. 콘서트나 팬미팅에 갔을 때 옆자리에 앉은 분에게 단순히 옆자리에 앉았다는 이유만으로! 사탕이나 초콜릿 같은 간식을 받은 적도 있고, 포토카드 같은 굿즈를 받은 적도 있었다. 옆 사람도 혼자 왔을 경우 너무 굉장한 장면을 봤을 때는 자연스럽게 같이 맞장구치며 떠들기도 했다("방금 보셨어요? 대박!").

덕질을 위해 만든 SNS 계정에서도 완전히 혼자라고 느끼지는 않는다. 덕질 방식이 비슷해 보이는 사람들을 부지런히 팔로우하고, 공감하는 글은 리트윗하거나 좋아요를 누른다. 그러다 보면 나를 팔로우하는 사람도 생기게 되고, 내 글에 공감을 표시하는 사람도 생긴다. 가끔은 멘션을 주고받기도 한다. 그렇게 내 혼덕질 생태계는 느슨한 연대감으로 꾸준히 유지된다.

비공굿의
중독성에 대하여

포토카드와
컵홀더와 스티커와

'비공굿'은 무엇인가? 비공굿은 '비공식 굿즈'를 줄여 말한 것으로, 공식(연예인이라면 기획사, 애니메이션이라면 제작사 등 해당 상품의 초상권, 저작권 등을 가지고 있는 회사)에서 낸 굿즈가 아닌 경우 모두 비공굿에 해당된다. 아주 원칙적으로 따지자면 불법이지만, 팬들끼리 귀여운 수준으로(과연?) 만들어서 나눔하거나 소액을 받고 팔기 때문에 공식에서도 알음알음 인정해 주는 분위기다. 나를 비롯해 덕질을 시작하기만 하면 이 '비공굿' 중독 증상을 보이는 덕후들이 많다.

비공굿을 언제부터 좋아했는지 더듬어 올라가다 보니 문득 중학생 때의 기억이 떠올랐다. 중학생 때 나는 한창 일본 애니메이션에 빠져 있었는데, 그중에서도 어느 애니메이션의 등장인물 G를 굉장히 좋아했다. G는 세상 모든 고통을 혼자 짊어진 것 같은 고뇌를 가진 불쌍한 아이였다. 당시 이제 막 컴퓨터를 이용해 각종 소프트웨어를 기초적 수준에서 만질 수 있게 되었던 나는 좋아했던 G를 좀 더 생활에서 가까이 접하고 싶다는 생각을 가지게 되었다.

그래서 내가 한 짓이 뭐였냐면, 캐릭터의 그림 파일을 한글 프로그램에서 열어 그 그림과 학교 수업 시간표를 함께 인쇄했던 것이었다. 지금 생각해 보면 정말 그마저 참된 모범생이 할 법한 행동이라 웃음이 나지만, 당시에는 나름 파격적인 선택이라 생각하고 실행했던 기억이 있다. 무려 캐릭터가 배경 그림인 시간표를 인쇄해서 그걸 학교 책상에 붙여 놓았었으니까! 요즘에야 애니메이션 덕질이 음지에서 벗어났지만, 당시만 하더라도 대중적인 취미는 아니었으니 어쨌든 용기를 내서 내 인생 첫 비공굿을 스스로 생산한 기억으로 남아 있다.

이후로 꽤 오랜 시간 동안 비공굿을 사지 않고 잘 버텼던 것 같다. 프로게이머를 덕질하던 시기에는 기사 사진들을 모아 인쇄해서 소장한 정도로 소소하게 비공굿을 자체 생산했지만 그 외에는 오직 공식에서 판매하는 굿즈들만 구매하며 지냈다. 비공굿에 대한 고삐가 풀리게 된 것은 〈프로듀스101 시즌2〉로 오랜만에 아이돌 덕질로 회귀한 때였다. 내가 다른 곳으로 관심을 돌렸던 동안 아이돌 덕질판에서는 엄청난 변화가 일어났는데, 각종 비공굿이 매우 활성화되었던 것이었다.

아이돌 생일카페에 가서 음료를 주문하면 주는 컵홀더가 제일 일반적이었는데, 인기 아이돌의 경우 수많은 생일카페가 열리기 때문에 컵홀더 열몇 개는 족히 쌓였다. 생카에서 취급하는 굿즈의 범위도 시간이 갈수록 나날이 넓어져서 컵홀더 외에 포토카드, 키링, 배지 등 다양하고 귀여운 물건들이 내 덕질존[7]을 가득 채웠다. 여기까지는 그래도 예상 가능한 범위였다. 나를 진짜 미치게 했던 굿

---

[7] 구비한 굿즈들을 놓아 두는 공간

즈는 바로 일명 '홈마'라 불리는 사람들이 만들어 내는 비공굿이었다.

비싼 대포 카메라를 들고 아이돌의 스케줄을 쫓아다니며 주로 무대 직캠이나 팬사인회 사진을 찍는 홈마들은 아이돌의 예쁘고 아름다운 모습을 사진과 영상으로 담았고, 그 사진들을 모아 전시회를 개최하거나 굿즈를 만들어 팔았다. 당시 아이돌 H에 빠져 있었던 나는 유명 홈마 서너 명이 내는 각종 굿즈(사진집, 포토카드, 엽서, 아크릴스탠드, 포스터, 배지, 키링, 스티커 기타 등등)를 거의 전부 샀고, 내 통장은 말 그대로 '텅장'이 되었다. 바인더 하나를 꽉 채우고 넘칠 정도로 포토카드를 모았으니 정말 어지간히도 샀구나 싶다. 사 모은 굿즈들은 아까워서 어디다 쓰지도 못하고 고이고이 모셔 두었다.

길었던 아이돌 H 덕질이 잦아들고 나서 덕질존을 정리하니 굿즈가 큰 박스로 정확히 두 개 분량이었다. 그때 느꼈던 허무함이 지금도 선명하다. 버릴 수도 없고 그렇다고 전시해 둘 수도 없는 이런 애매한 굿즈가 두 박스라니! 다시는 비공굿을 사지 않겠다고 다짐했다. 그래서 정말 다시 안 샀냐고 한다면 인간은 원래 같은 실수를 반복하는 동물이니까. 이후의 덕질에서도 공식굿즈는 물론(공식굿즈를 사는 건 너무 당연한 일이라 말하기를 생략함) 비공굿도 꾸준히 사 모으면서 살고 있다. 그래도 이전 H 덕질 때 깨달은 바가 있어서 요새는 비공굿을 사면 눈에 보이는 곳에 전시해 두거나 핸드폰 케이스에 장식하는 등 적극적으로 쓰면서 살고 있다. 시간이 지나고 덕심이 식으면 아무리 잘 보관해 둬도 다 부질없음을 처절하게 깨달았기 때문이다.

공백기를 버티는
덕후의 심정

휴덕,
기다릴수록 애틋해져 가

뛰어난 절제력을 가진 사람 중에는 열혈 덕질을 하다가도 입시, 취업, 결혼 등 인생의 중차대한 전환점을 앞두고 휴덕을 감행하는 분도 있는 모양이다. '○○이를 너무 사랑하지만 내가 취업을 해야 하니 취업 전까지는 휴덕이다'와 같은 식이다. 나로 말할 것 같으면 휴덕은 태어나서 한 번도 시도조차 한 적이 없다. 덕질이 내 마음대로 컨트롤되는 것이었다면 내가 이 모양 이 꼴로 살고 있진 않을 것이다. 그런 의미에서 나에게 휴덕이란, 덕질하는 대상이 활동을 멈춰서, 즉 공백기여서 억지로 하게 되는 것에 가깝다. '덕질하고 싶은데 할 대상이 없네!'와 같은 상태인 것이다.

아주 먼 옛날 내가 초등학생일 때의 유명 아이돌들은 1년에 한두 번 컴백해서 한 달 정도를 활동하고 나머지 수개월은 공백기를 가졌다. 버블[8]과 같은 개인 소통 창구가 없던 그 시절 공백기에는 그들이 뭘 하고 먹고사는지, 다음 노래 준비를 어떻게 하고 있는지 일절 알 수 없었다. 그런 시기에는 어쩔 수 없이 휴덕을 하고 밀렸던 방학 숙제를 하거나, 공부밖에 할 게 없었다.

요즘 아이돌이야 거의 뭐 365일 24시간 활동기나 다름없는 삶을 살아가니까 아이돌을 덕질하면 심심할 틈이 없을지도 모르겠다. 그러나 인기 없는 아이돌을 좋아한다거나(그렇다, 인기가 없는 아이돌은 스케줄이 적어서 볼 기회도 적다), 아니면 현재 작품활동을 하고 있지 않은 배우를 좋

---

[8] 정확히는 디어유 버블이지만 보통 버블이라고 부른다. 아이돌, 배우 등 유명인의 메시지를 일대일 채팅방으로 수신하고 수신한 메시지에 답장을 보낼 수 있는 유료 구독형 프라이빗 메시지 서비스. 유료 구독 일자에 따라 스타의 메시지에 답장을 보낼 수 있는 글자 수가 달라진다.

아하는 경우 등 다양한 이유로 떡밥[9]이 없는 시기는 덕후라면 여러모로 겪을 수밖에 없다.

   몇 번의 공백기를 거치면서 깨달은 게 있다면, 나는 생각보다 이런 공백기를 잘 버틴다는 것이다! 최애가 사라지면 함께 휘리릭 사라져 버리는 유형의 팬과 달리, 나는 꽤 오랫동안 끈덕지게 그 사람을 붙들고 매달리는 편이다. 새로운 떡밥이 없는 경우, 과거 떡밥을 나노 단위로 파고들며 덕질을 이어간다. 스쳐 지나갔던 움짤을 다시 올려서 되새김질하고 인터뷰들을 다시 경전 읽듯 겸허히 들여다보고… 여하간 그렇게 버티고 또 버티다 보면 이상한 감정이 싹틀 때가 있는데, 최애가 더욱 애틋해진다. '우리 ○○이, 잘 지내고 있을까? 밥 잘 먹고 잠 잘 자고 있어야 할 텐데. 다음엔 또 어떤 모습으로 우리 앞에 나타날까?' 등, 떠나간 그이를 기다리는 지고지순한 소녀가 되어 언젠가 최애가 돌아올 날을 손꼽아 기다리며 사랑의 대서사시를 적어 내려간다.

---

[9] 낚시 미끼의 하나인 '떡밥'을 덕질 용어로도 사용하는데, 뭔가 가십거리가 될 만한 소재를 일컫는다. 스케줄이 생기거나 SNS에 글이 올라오는 등 최애 관련 새로운 정보가 뜨면 "떡밥이 떴다"라고 말한다.

최애의 공백기로 인해 본의 아니게 휴덕을 할 때, 내가 제일 무서워하는 건 최애가 영영 돌아오지 않으면 어쩌나 라는 걱정도 아니고, 공백기 사이 식을까 봐 두려운 내 마음도 아니다. 바로 다른 덕후의 탈덕이 제일 무섭다. 나의 고품격 덕질을 위해 영상을 편집해 주시고 움짤을 만들어 주시는 소중한 선생님들. 그분들의 마음이 변할까 봐 너무 두렵다. 공백기가 길어지고 한 분씩 타임라인(트위터 기준)에서 떠나가는 것을 볼 때마다 눈물이 앞을 가린다. 반대로 떠나가지 않고 남은 분들이 근황 트윗을 올릴 때면 '아직 이분은 계시구나! 인류애 충전된다' 하면서 기쁨의 하트를 누른다. 어떨 때는 혹시 아직 나의 덕질 동지들이 남아 있는지 확인하기 위해 트윗을 할 때도 있다. 그리고 내 트윗에 하트가 눌리는 걸 보면서 '어이, 살아 있었구나!' 하기도 한다(나만 이런 거 아니겠지?).

역시 사람은 사회적인 동물이다. 공백기를 버틸 때 무엇보다 중요한 것이 다른 덕질 동지들의 존재 여부라니. 어떤 때는 저 사람들 다 탈덕하기 전에 내가 먼저 탈덕하겠다는 심보가 들 때도 있다. 물론 앞에서도 썼듯이 나는 생각보다 탈덕을 못 하는 타입이기 때문에 그 다짐은 늘 실패로 돌아간다. 여하간 '내가 바람 펴도 너(다른 덕후)는 절대 피지 마'라는 가사처럼 내 덕질 동지들은 늘 그 자리에 있어 주었으면 하는 것이 내 마음이다. 최애가 곧 돌아올 거니까 모두 힘내자고!

스탠딩과 좌석 중에서
좌석을 맡고 있습니다

**저질 체력도
오프 뛸 권리가 있다**

 "회원님? 회원님은 제가 운동을 가르치고 있는 모든 수강생 중에 가장 낮은 난도로 배우고 계세요."

 배우던 필라테스가 너무 힘들어서 더 쉬운 동작을 알려 달라는 내 요청을 들은 필라테스 강사님의 답변이었다. 그렇다. 나는 정말 몸으로 하는 모든 것을 못하고 싫어한다. 어린 시절 공부를 곧잘 했던 나의 성적표 대부분은 '수'였지만 '우'도 간당간당했던 과목이 있었으니, '체육'이었다. 학교생활 중 제일 고통스러웠던 장면 몇 가지를 다시 떠올려 보면, 반 아이들끼리 피구를 했던 기억이 가장 선명하다. 마지막에 가장 처치가 쉬운 한 명을 남기기 위해 나를 빼고 다른 애들만 먼저 아웃시키는 아이들을 바라보는 마음이란. 그런 슬픈 과거를 거치면서 나는 체육을 더욱 싫어하게 되었고, 태어날 때부터 저질 체력을 가졌던 아이는 체육을 멀리하면서 더욱 저질 체력인 어른으로 자라났다.

  이 책을 펼친 분들은 작가가 덕질을 주제로 한 에세이를 쓸 정도이니, 어렸을 때는 공방 가서 밤새 기다리고 덕질을 위해 선착순에 들려고 100미터 달리기를 11초대에 끊어 봤다는 수준의 에피소드를 기대할지도 모르겠다. 하지만 앞에서 이야기했듯이 나는 매우 좋지 않은 체력을 타고났다. 생애 첫 콘서트는 초등학생 시절에 간 그룹 H의 콘서트였고, 그때 내 자리는 잠실주경기장 3층 구석이었다. 비록 흥분되는 순간에는 자리에서 일어나 박수 치고 환호를 질렀지만, 대부분은 앉아 있기를 택했던 기억이 난다.

  그 이후에도 나의 덕질 인생에 스탠딩이란 존재하지 않았다. 좌석이 없는 콘서트나 공연 혹은 팬미팅은 애초에 가려는 시도를 하지 않았다. 스탠딩과 좌석이 혼합되어 있는 콘서트의 경우 최애를 가까이에서 보려면 스탠딩에 가는 게 맞았지만, 당연히 자연스럽게 뒤쪽의 좌석을 선택했다. 시야보다 체력을 보전하는 쪽을 선택한 것이다. 이런 나를 보며 누군가는 이렇게 말할지도 모르겠다.

"찐 덕후라면 아무리 피곤해도 무조건 스탠딩으로 가야지!"

하지만 저는요, 콘서트 다녀온 다음 날은 휴가 내고 앓아야 할 정도의 체력을 가지고 있단 말입니다. 분명 콘서트는 최애가 했는데, 왜 지치고 힘든 건 나냐며. 어쨌든 나는 덕질만 하는 사람이 아니고 덕질을 끝내고 나면 또 지난한 일상을 살아야 하는 사람이기에, 체력 안배를 나름대로 하는 수밖에 없다.

물론 좌석 외길 인생에도 예외는 있었다. 기억은 내가 아이돌 O를 열렬히 좋아했던 시기로 돌아간다. 유명하지 않은 아이돌이었기에 스케줄이 가물에 콩 나듯 있었던(아니 사실 그마저 없었던) 때였는데, 어느 날 갑자기 행사가 하나 잡혔다. 무려 어린이대공원에서 하는 공연에 나온다는 게 아닌가? 너무나 오랜만에 내 아이돌의 무대를 볼 수 있겠다는 생각이 앞선 나머지 자세한 행사 공지는 찾아보지도 않고(찾아봐도 없었을지도 모른다) 어린이대공원으로 무작정 찾아갔다. 어린 시절에도 가본 적 없었던 어린이대공원 행사장에 도착한 나는 깨닫고 만다. 의자가… 없어! 그렇게 나는 생애 처음(이자 마지막으로) 스탠딩을 경험하게 된다.

    스탠딩만 경험했으면 참 좋았을 텐데, 그날은 날씨조차 굉장히 혼란했다. 해가 쨍쨍 나 있는데도 갑자기 비가 내리거나 바람이 거세게 불기도 했다. 일기예보를 제대로 확인하지 못하고 행사장으로 향했던 나는 당연히 우산이 없었다. 그렇다고 행사 중에 최애가 언제 등장할지 알 수 없으니 근처 편의점으로 우산을 사러 갈 수도 없었다. 그렇게 생애 첫 스탠딩은 비를 쫄딱 맞는 하드코어 버전이 되었지만, 다행히 잠깐 비가 그쳤을 때 등장한 최애의 레어한 수록곡 무대를 보게 되면서 대만족으로 끝났다. 물론 집에 돌아가서는 굉장히 자연스럽게 앓아누웠지만.

    장담하건대 나라는 사람은 최애를 향한 마음이 없었다

면, 비가 주룩주룩 내리는 가운데 우두커니 서서 기다리는 일 따위는 그 어떤 이유로도 하지 않았을 것이다. 그만큼 저질 체력이고 지금도 세상에서 제일 싫은 게 건강하게 운동하기인 사람이다. 그렇지만 덕질만큼은 나를 (아주 가끔, 어쩔 수 없이라도) 움직이게 한다. 앞으로의 콘서트에서는 부디 의탠딩[10] 정도까지만 허용해 주었으면 좋겠다는 마음이긴 하다. 누나는 이제 정말로 체력이 없단다. 그리고 내일 출근해야 해.

---

[10] 의자가 있는 좌석이지만 일어나서 공연을 보는 것

덕질은 곰손도
포토샵 배우게 만든다

**인간은
필요로 인해 발전한다**

　제목에서는 귀엽게 '곰손'이라는 표현을 썼으나, 사실 나는 자신을 '똥손'이라고 부른다. 그만큼 손으로 하는 것에 재능이 일절 없다. "자, 학을 접기 위해 먼저 네모난 색종이를 정확히 반으로 접어 보세요"라는 지시를 받으면 그것도 제대로 못 따라 하고 비뚤어지게 접는 게 나였다. 그리고 늘 그렇듯이, 처음부터 제대로 종이를 접지 못하면 결국 완성된 학은 어딘가 불쌍한 모습이 되기 마련이다. 특히 손재주와 센스가 뛰어나 뭘 해도 척척 그럴싸한 결과물을 만드는 언니와 비교되어서 더 그랬던 것 같긴

한데, 여하간 그래서 나는 뭔가 손으로 해야 하는 일은 지레 겁먹고 피하며 지냈다.

그래서 덕질할 때도 늘 나는 '소비러[11]'였다. 능력자 선생님들이 예쁘게 만들어 주는 각종 아트워크와 움짤, 영상들에 열심히 좋아요를 누르는 사람이었다는 말이다. 그러다 보니 인기가 별로 없는 아이돌을 좋아할 때는 레전드 무대가 나왔는데도 움짤을 만들어 주는 사람이 없어 눈물을 흘리며 핸드폰의 움짤 생성 기능을 활용해 저화질의 움짤을 직접 만들기도 했다. 물론 그 결과는 처참했다고 한다.

기본적으로 포토샵을 활용해 아트워크나 움짤을 만들 때는 기술과 센스, 두 가지가 필요하다. 첫 번째, 기술은 말 그대로 원본 사진이나 영상을 아트워크나 움짤로 만드는 기술을 말한다. 사실 이건 그렇게 어려운 게 아니다.

---

[11] '소비'와 무언가를 하는 사람을 뜻하는 영어 접미사 'er'을 합성한 단어로, 소비하는 사람을 뜻한다. 반대로 주로 사진, 영상, 굿즈 등을 생산하는 사람을 생산러라 말한다.

'아트워크 만드는 법', '움짤 만드는 법'이라고 검색만 해도 A부터 Z까지 거의 떠먹여 주는 수준의 글과 영상을 발견할 수 있다. 시간을 들여 천천히 한 단계씩 따라 하면 누구나(정말로 누구나) 아트워크와 움짤을 만들 수 있다. 문제는 두 번째 항목인 센스에서 시작된다. 아트워크나 움짤을 만드는 과정에서 가장 중요하고 필수적인 요소가 바로 '보정' 센스다. 원본 사진(혹은 영상)의 밝기, 채도, 색조를 조정해서 내 최애를 더욱더 아름답게 만드는 게 중요하다. 보정 능력자는 이상한 조명 때문에 이미 다 죽었다고 보이는 원본을 예술 작품으로 탈바꿈시키기도 한다.

나는 바로 이 능력, 센스가 없었다. 그게 나의 치명적인 약점이었다. 아무리 포토샵에서 밝기를 조정하는 기능을 익힌다 한들, 원본마다 다른 밝기에 맞추어 적정한 보정 정도를 찾는 센스는 나 혼자 익히기엔 너무나 어려운 것이었다. 특히나 드라마를 덕질하던 때 이 답답함이 최고조를 찍었다. 나는 결심하고 만다. '타고난 센스? 얼마면 돼? 돈으로 배우겠어!' 그렇게 평소 눈여겨보던 디자이너님의 일대일 강의에 등록하게 된다.

디자이너 선생님은 디지털 아트워크 작품을 주로 만드시는, 덕질에 대해서는 잘 모르는 분이었다. 그래서 덕질을 잘하고 싶은 마음에 포토샵 강의까지 듣는 나를 매우 신기해했다. 여하튼 나는 아트워크를 만들 때 오브젝트들의 배치를 어떻게 해야 어색해 보이지 않는지, 폰트는 어떻게 활용하는지, 보정은 어떻게 하는 게 적절한지 등 기초적인 스킬과 센스를 배웠다. 수업마다 아트워크 한두 개를 만들어 가서 피드백을 받았는데, 과제물에 최애의 사진이 늘 있어서 나중에는 선생님이 내 최애의 얼굴을 외우셨다.

나는 그렇게 여러 달 동안의 수업과 혹독한 연습을 통해 어느 정도는 그럴싸해 보이는 아트워크를 만들 수 있는 사람으로 거듭났다(물론 아직 선생님의 손길이 많이 필요하지만). 당시 Y 드라마를 미친 듯이 덕질하던 나는 드라마 종영을 기념하는 행사(아이돌 생카 같은 것이다)가 열린다는 소식을 듣고 가슴이 뛰기 시작한다. 드디어 돈과 시간으로 업그레이드한 실력(?)을 뽐낼 때가 다가온 것이다. 그렇게 생애 처음으로 드라마 관련 사진으로 내가 만든 아트워크를 엽서로 만들어 '나눔[12]'할 계획을 세우게 된다. 선생님도 적극적으로 도와주셨다. 결국 나는 꽤 예쁜 아트워크를 완성했고, 엽서로 잘 인쇄해서 나눔존에 놓는 데 성공했다. 드디어 나도 소비러를 벗어나 생산러가 된 것이다. 다른 덕후들의 행사 후기 사진에서 내가 만든 엽서를 발견할 때마다 얼마나 신났는지 모른다.

그래서 지금 어떻게 되었냐고? 수업은 이제 듣지 않기에 예전에 배웠던 스킬을 착실히 잊는 중이다. 하지만 가끔 너무나도 사랑스러워서 박제해서 저장하고 싶은 최애의 순간을 만나면 노트북 앞에 앉아 움짤을 만들곤 한다. 여전히(당연하게도) 현직 디자이너나 디자인 전공자만큼의 센스나 스킬은 가지고 있지 않다. 다만 나에겐 이를 극복할 최애를 향한 사랑이 있다. 그 사랑이 나를 주경야독으로 포토샵을 공부할 수 있게 이끌었다.

---

[12] 덕후들 사이에서는 굿즈나 간식들을 무료로 배포하는 행위를 하는 경우가 흔하다. 무료로 하는 경우도 있지만 그래도 보통 택배비 정도의 수고비를 받는 편이다. 이를 '나눔'이라고 하는데, 그래서 SNS에서 보면 "A 비공굿 포카 나눔합니다"와 같은 글을 쉽게 발견할 수 있다. 왜 맞춤법에 맞지 않게 '나눕니다'가 아니냐면 '나눔'이 이미 덕질 용어화되어서 그런 것이다.

적당히 평범하게
사는 걸로 합의합시다

제발 내가
탈덕하지 않게 해 줘

　사랑했던 아이돌 K의 음주 운전 소식을 들었을 때, 나는 초등학생이었다. 꽤 충격이었는지 그 뉴스를 보던 순간을 아직도 기억한다. 소주를 몇 잔 마셨다는 걸 듣고 어느 정도 잘못한 일인지 진지하게 초등학생의 머리로 고민했었다. 그럴 수밖에 없는 게, 술을 마신 적도 없고 운전을 한 적도 없는 초등학생이 음주 운전이라는 사건을 어찌 받아들이겠는가. 순진한 마음에 '그래도 이렇게까지 전국적으로 욕먹을 일은 아니지 않나!' 하면서 사랑하는 우리 오빠를 두둔했던 기억이 난다.

이 사례만 봐도, 누군가의 최애로 존재하는 사람이 저지르는 범법 행위가 얼마나 나쁜지 알 수 있다. 첫 번째로 어딘가에 있을 어린 소녀에게 그런 범죄 방법이 있음을(음주 운전이라는 것이 존재함을) 알게 하니 나쁘고, 두 번째로 그게 뭔지도 모르는 소녀가 덕질에 눈이 멀어 중대한 잘못을 저질러도 별것 아닌 것으로 치부하게 만드니 나쁘다. 수년이 지나고 음주 운전이 얼마나 나쁜 범죄인지 비로소 인지한 나는 후회 속에 아이돌 K를 좋아했던 기억을 조용히 묻어 버리기로 했다.

그 이후로는 문제 하나 없이 행복한 덕질 생활만 했냐고 하면 안타깝게도 그렇지 않다. 대학생 시절에는 프로 게이머였던 최애가 승부조작에 연루되어 공중파 뉴스로 소식을 접한 경험도 있었고, 그 외에도 자잘한 말실수나 애매한 처사 등등 다양한 방식으로 최애가 곤란을 자초하는 것을 목격해 왔다. 최애는 바뀌어도 최애의 구설수 패턴은 비슷했고 그러다 보니 자연스럽게 고뇌했다. 과연 누군가의 최애가 되는 연예인이나 스포츠 선수 등 유명인은 어느 정도까지 '선'을 지키며 살아야 하는 걸까?

내 경우에는 신문 사회면을 기준으로 둔다. 예를 들어, 내 최애 아이돌이 연애를 시작했다고 가정해 보자. 누군가는 아이돌의 연애가 직업 윤리에 위반된다고 생각할 수도 있다. 하지만 내 기준에서 연애는 사회면에 대서특필되는 게 아니라 그냥 연예면에 소식으로 나올 정도의 일이니까 괜찮다. 연애 좀 할 수도 있지. 자잘한 말실수의 경우에도 사회면에 나오지 않으면 괜찮다. 살다 보면 의도치 않은 헛소리가 나올 수도 있다. 사과하고 다음부터 다시 안 그러면 된다.

하지만 그 문제가 신문 사회면에 나올 정도의 일이라면 얘기가 달라진다. 일단 범법 행위를 저지른 경우, 이때는 그냥 빠르게 탈덕한다. 천년의 사랑처럼 좋아했으면서 그렇게 빠르게 탈덕이 가능하다고? 경험한 덕후들은 안다. 가능하다.

두 번째로 범죄는 아니지만 사회면에 나올 만큼 엄청난 크기의 문제 행위를 저지른 경우가 있다. 이때는 바로 탈덕하지는 않지만, 결국 탈덕 엔딩을 맞이한다. 주위의 시선이 가장 큰 요인으로 작용하는데, 의외로 덕질할 때 주변 머글들이 내 최애를 어떻게 바라보는지가 꽤 중요하다. 특히 내가 누군가를 덕질하고 있는 것을 만천하에 공개했을 때는 더욱 그렇다.

"야, 네가 좋아하는 ○○이 뉴스 봤어?"

(당연히 누구보다 먼저 봤는데 왜 물어보는지 모르겠다.)

"○○이 뉴스 봤는데 너 괜찮아?"

(당연히 안 괜찮은데 왜 쓸데없이 물어보는지 모르겠다.)

내가 죄를 짓지도 않았는데 나는 최애의 비공식 대변인이 되어 잔인한 머글 앞에 서야 한다. 결국은 이 지치는 과정에서 탈덕할 가능성이 매우 높다.

덕후와 최애는 셀 수 없을 만큼 많은 반짝반짝한 순간을 함께하지만, 달의 뒷면처럼 어두운 모습도 함께한다. 때로는 최애가 조금은 부족한 모습을 보였을 때 더욱 열정적인 사랑을 줄 마음이 생기기도 한다. 완벽해 보이는 최애지만 저 아이도 실수할 수 있는 사람이구나. 웬만한 실수는 오히려 덕후들이 감싸면서 덕후와 최애 사이가 더욱 돈독해질 수도 있다. 그러나 그 정도가 너무 심해서 도저히 쉴드가 불가능한 경우라면 곤란하다. 제발 지금, 그리고 앞으로 내가 좋아할 사람들은 그저 평범한 사람처럼, 소소하게 실수는 하지만 큰 잘못은 저지르지 않으면서 사는 사람이었으면 좋겠다. 나의 과거를 제발 무덤에 묻는 게 아니라, 재미나게 추억할 수 있게 만들어 주었으면 좋겠다. 그게 나의 유일한 바람이다.

네! 저는
잡덕입니다

인정해 버린
내 정체성

좀처럼 인정하고 싶지 않았지만, 이제는 인정할 수밖에 없겠다. 그래, 나 잡덕이다. 이 책을 읽는 사람들은 '그걸 이제야 알았냐?'라고 외칠지도 모르겠다. 다양한 최애들을 고백해 놓고 뭘 새삼스럽게? 하지만 스스로는 여러 명을 동시에 좋아한다는 자각이 별로 없었다. 잡덕이라고 하면 왠지 어린 시절 그룹 H도 좋아하면서 그룹 S도 좋아하는 문제의 팬인 것만 같아서 부정하고 싶은 마음이 들었는지도 모르겠다. 그랬던 내가 스스로 잡덕이라는 깨달음을 얻었던 계기는 다름 아닌 엄마와의 대화였다. 엄마에게 요즘 좋아하고 있는 아이돌 A에 대한 이야기를 실컷 했는데 엄마가 "네가 좋아한다고 했던 B 말이지?"라고 해서 "아니 걔 말고 A라니까"라고 답하는 나를 발견했을 때였다. 엄마가 걔 말고 걔니 하고 물을 정도로 여러 명을 좋아하고 있었다는 게 좀 우스웠다.

나도 아주 어렸을 때는 지고지순한 타입이었다. 한 명의 오빠만 좋아했다는 얘기다. 특정 아이돌그룹의 특정 멤버만 딱 정해서 좋아했다. 같은 그룹의 다른 멤버에게조차 큰 관심이 없었다. 하지만 고등학생이 되고 프로게이머를 좋아하게 되면서, 덕질 방식에 변화가 생겼다. 특정 게이머만 좋아하는 것이 아니라 팀을 좋아하게 되면서 팀에 소속된 다양한 선수들을 응원하는 것의 재미를 알아버린 것이었다. A가 잘할 때는 A를 응원했다가 B가 잘할 때는 B를 응원하는 것이 내 정신건강에 더 좋다는 것을 깨달은 나는 동시에 게이머 네 명 정도를 열렬히 응원하는 삶을 꽤 오래 유지했다.

시간이 지나도 여러 명을 동시에 덕질하는 것을 멈추지

않았다. 오히려 이전보다 덕질 생활이 평온해졌다. 예를 들어 가수 A를 좋아하면서 배우 B를 좋아하는 경우, 출퇴근길에 A의 노래를 들으면서 힐링하고 집에 와서는 B가 나오는 드라마를 보면서 시간을 보낼 수가 있었다. A와 B가 업계가 달라 딱히 경쟁할 필요가 없으니 오히려 마음이 편했다. 보통 나는 덕질을 시작하면 열렬히 하는 기간이 3~5년 정도 되는데(꽤 긴 편이라 자부한다), 여러 명을 각각 3~5년씩 좋아하다 보면 누굴 좋아하는 기간이 누구와 겹치는지에 따라 덕질 인생의 행복도가 달라지곤 했던 것 같다.

최애가 많다 보니 신기한 경험을 하기도 했다. 새롭게 좋아하게 된 가수 W의 무대를 신나서 이것저것 유튜브에서 찾아보고 있었던 참이었다. 왠지 익숙해 보이는 얼굴이 있어서 영상을 클릭했더니, 한때 아주 열렬히 사랑했던 아이돌 H와 같이 듀엣으로 노래를 부르고 있는 것이었다! 내가 사랑했던 아이돌과 이제 막 사랑하게 된 가수가 한자리에서 번갈아 가며 노래 부르는 모습을 보는데, 만감이 교차했다. 내 몇 년 전 과거와 현재가 만나는 것을 지켜보는 기분이었다. 너희 둘은 둘 다 (내가 좋아하는) 미성이라 듀엣은 안 어울린다고 냉철한 평가를 했지만, 사실 내심 좋았다.

여전히 인생에서 딱 한 명만 평생토록 좋아하는 덕후를 선망하긴 한다. 어떤 가수가 데뷔했을 때부터 성공하고 높은 자리에서 내려올 때까지 줄곧 좋아하는 사람의 순정을 보면 경외심마저 생긴다. 하지만 어쩌겠는가? 나는 그런 타입의 사람이 아닌걸. 그저 마음 가는 대로, 그때그때 최선을 다해서 사랑하면 된다고 생각한다. 그러다 보면 내 최애들끼리 같이 노래하는 것도 보고 그러는 거겠지 뭐.

슬기로운
덕질 소비 생활

**내 월급은
다 어디로 갔을까?**

경제관념이 좀 비틀린 편이다. 힘들게 버는 만큼 돈을 아껴 써야 한다는 건 인지했는데, 도대체 어떻게 아껴 쓸 수 있는지 그 방법을 모르겠다. 가계부는 열심히 쓰지만, 그렇다고 지출을 통제하지는 않는다. 한 달이 지나서 지난달 수입과 지출 목록을 비교해 보면 그저 한숨만 나온다. 잔고를 보고 더욱 한숨 나오게 하는 제1의 원인이 바로 덕질이다. 특히 아이돌 덕질을 할 때, 내 지출 내역은 폭주가 뭔지를 보여 준다. 앨범, 공식 굿즈는 물론 비공굿까지 다방면으로 돈을 펑펑 써댄 것을 보면 사람인 이상

자괴감이 들 수밖에 없다. 하지만 자괴감은 자괴감이고 최애는 최애다. 새로운 굿즈가 나왔다는 소식을 들으면 살지 말지 고민하는 게 아니라 혹시나 수량 부족으로 내가 못 살까 봐 걱정하는 걸 보면 말이다.

아주아주 어릴 때부터, 그러니까 내가 직접 돈을 벌기 전 부모님으로부터 용돈을 타서 쓸 때부터 나의 덕질에 대한 소비는 심상치 않았다. 용돈을 받으면 그 용돈을 고스란히 덕질에 쏟아부었다. 초등학생 시절에 샀던 굿즈를 지금 보면 너무 웃긴다. 심지어 당시 좋아했던 아이돌 H의 DNA가 들어 있다는 목걸이 같은 것까지 사서 고이 간직한 걸 보면 정말이지 쓸데없는 것도 샀었구나 싶다. 구체관절인형에 빠져 있을 때는 하나에 2만 얼마씩 하는 가발 wig을 그렇게 열심히 모았고, 세뱃돈을 받자마자 새 인형을 샀다.

회사에 다니기 시작하면서 직접 버는 돈의 소중함을 알게 되었지만, 그만큼 스트레스도 많이 쌓였기에 스트레스 해소를 위해 쓰는 돈의 액수도 더 커졌다. 아이돌을 좋아할 때 이 증상이 더 심해졌는데, 공식에서 나오는 굿즈는 정말 거의 다 사 모았고 비공굿까지 홀린 듯이 사서 모았다. 앨범이 나오면 기본적으로 열 장은 넘게 샀다. 내 아이돌의 앨범 판매량이 저번보다 잘 나와야 하기 때문이기도 했고(아이돌판은 앨범 판매량, 음원차트 순위 등 성적이 매우 중요하다), 내 손으로 내가 좋아하는 최애 멤버의 최애 포토카드를 직접 뽑고 싶은 마음이 있어서이기도 했다. 최애를 위해 쓰는 돈이 아깝지 않았다. 최애는 내가 인생을 살 수 있게 하는 버팀목이었기 때문이었다.

진정으로 만족스러운 소비는 시간이 지나서도 후회하지 않는 소비라고 생각한다. 그렇게 아이돌에 여윳돈을 탕진했던 나에게 남은 것은 각종 굿즈와 음반으로 가득 찬 방이었다. 더 이상 정리를 미룰 수 없어서 감행했더니 어마어마한 양이 나왔다. 다들 아는 이야기이겠지만, 굿즈는 보통 시간이 지날수록 그 가치가 수직으로 하락한다. 하나에 1만 원은 했던 굿즈로 가득 찬 박스를 팔 때는 일괄 10만 원도 못 받고 파는 수준이다. 쌓인 굿즈를 멍하니 바라보며 내가 했던 생각은 '이 돈으로 명품 가방을 샀으면 프리미엄 받고 팔 수라도 있을 텐데'였다.

    그렇게 몇 번의 지름과 후회를 반복한 결과 지금은 전처럼 굿즈를 열성적으로 사 모으지는 않는다. 특히 비공굿은 웬만하면 사지 않으며, 산다면 바로 쓴다. 아껴 봤자 나중에 애정이 적어지면 다시 팔지도 못하는 잡동사니가 된다는 것을 처절히 깨달았기 때문이다. 아무리 가수의 성공이 나의 성공인 것처럼 다가올지라도 같은 앨범은 여러 장 사지 않으려 노력한다. 나중에 앨범만큼 처치 곤란인 물건도 없다는 걸 알기 때문이다. 물론 이렇게 말하고 내 가수의 다음 앨범이 나오면 포토카드를 모으겠다고 지르고 있는 나를 발견할 수도 있다. 그게 덕후로서 지내는 '슬기로운' 생활일지도 모른다는 생각도 든다.

2장

나의 덕질 연대기, 아이돌부터 프로게이머까지

가장 불타오르는,
그래서 재만 남는 덕질

나의 덕질 연대기
① 아이돌 편

⌵ 가장 인기 있는 아이돌로 시작한 덕질

내가 언제부터 '덕질'이란 걸 시작했을까 곰곰이 생각해 나가다 보면, 시간은 거꾸로 흘러 흘러 초등학생 때로 돌아간다. 초등학생 때 나는 당시 초절정 인기를 누리고 있었던 아이돌그룹 H의 멤버 K와 사랑에 빠지고 말았다. K는 당시 20대 초반으로, 나보다 무려 열 살 정도 많았으니 초등학생이었던 내가 보기에 그는 너무나 멋있는 어른 오빠였다(지금 생각하면 어른은 무슨, 애였다). 오빠가 하는 말이면 성경처럼 믿었으며, 오빠가 나오는 프로그램을 비디오테이프로 녹화해 놓고 보고 또 봤다. 처음으로 덕질을 시작했으니 두려움도 없었고 거리낄 것도 없이 그야말로 불구덩이 속으로 뛰어들었다. 오빠의 콘서트를 보기 위해 몇 달 전부터 부모님을 졸라서, 강원도에서 상경해 잠실주경기장 3층 구석에서 'H 포에버'를 외치기까지 했었다.

그렇게 나름 화려했던(?) 내 인생 첫 덕질은 내가 직접 갔던 콘서트 직후 벌어진 H의 해체로 인해 흐지부지 마무리되었다. 콘서트에서 분명히 '오빠'는 이 그룹이 영원할 거라고 말했었는데! 그 후 벌어진 여러 가지 일에 어린 덕후는 상처받고 말았다. 다시는 아이돌을 좋아하지 말아야지, 하고 마음먹었던 것 같다.

˅ 프듀의 추억: 구원 서사에 빠져 버리다

초등학생 때 이후 긴 세월을 다른 분야의 덕질을 하며 지냈다. 이대로 아이돌 덕질은 영원히 안 하는 게 아닐까 싶었던 몇 년 전, 보고 말았다. 국민 프로듀서를 대거 양성한 그 프로그램을. 우연히 중간부터 보기 시작했는데, 연습생 한 명이 눈에 들어왔다. 절박해 보이는 표정, 실력에 비해 모자란 투표수. 그 모든 것들이 저 연습생을 구해 주고 싶은 마음을 만들었다. 그때부터 열성적으로 투표에 임했고, 이후 데뷔에 성공한 그 연습생이 속한 그룹 W의 콘서트와 팬미팅 등에 열심히 따라다니며 덕질했다.

   아이돌 서바이벌 프로그램은 기본적으로 구원의 서사를 가지고 있어서, 보는 사람이 무언가 해 주고 싶은 마음이 들도록 편집한다는 글을 읽은 적이 있다. 지금 생각해 보면 나 또한 그 편집된 서사에 속았던 것 같다. 돌이켜 봤을 때 당시 내가 응원하고 구하려 했던 연습생이 절박한 상황이었던 것은 맞다. 그러나 내가 투표로 그를 '구한다' 라는 것이 얼마나 같잖은 생각이었는지, 이후에 다른 많은 아이돌을 덕질하며 알게 되었다. 아이돌 개개인의 삶과 서사라는 건 절대 단순하지 않은데, 서바이벌 프로그램은 방송의 재미를 위해 모든 서사를 너무 납작하게 만들어 버렸다. 물론 지금 와서 하는 생각이고, 당시에는 그 누구보다도 내 아이돌을 서바이벌 지옥에서 구해 찬란한 성공을 맛보게 해 줄 생각으로 가득 차 있었음을 고백한다.

﹀ 아이돌 덕질에 '노동'은 기본

 그다음으로 좋아했던 아이돌 O는 소위 '망한 아이돌'이었다. O를 좋아하면서 흔히 팬들이 말하는 '노동'을 미친 듯이 했다(내가 안 하면 정말 안 되는 규모의 팬덤이었다). 음원을 스트리밍하고 다운로드하고, 정체도 모르는 앱을 다운받아 내 아이돌을 투표하고, 네이버TV 영상에 가서 댓글을 달고, 심지어 앨범도 수십 장 이상 샀다.

 왜 내가 덕질이라는 취미활동을 하는데 '노동'을 해야 하는 것일까? 하면서도 이상하다고 생각했다. 스트리밍, 투표 등 팬덤 내부에서 '노동'이라 불리는 일련의 행위들은 실제로 그 자체가 즐거운 것이라기보다는 정말 '일'에 가까웠다. 힘이 들고 재미도 없는 것들이었다. 그러나 어찌하겠는가? 그 노동을 하면 최애의 광고가 지하철에 걸리고 인기 동영상에 노출된다는데. 아이돌 산업처럼 돈을 지불하는 소비자를 힘들게 하는 기괴하고 비틀린 산업은 단언컨대 없다. 몇 년간 아이돌 덕질을 하며 노동에 지쳐버린 나는, O를 마지막으로 더 이상 아이돌 덕질은 하지 않겠다고 마음먹는다.

⌄ **가장 불타오르는, 그래서 재만 남는 덕질**

돌이켜 보면 아이돌을 덕질할 때만큼 무언가에 온몸과 마음을 바치는 시기가 없었다. 위에서 언급한 바와 같이 산업 자체가 덕질하는 팬들을 어떻게 해서든 쥐어 짜내는 시스템으로 이루어져 있어서일지도 모르겠다. 과몰입을 조장하는 산업구조 속에서, 팬은 좋아하는 아이돌의 행복한 모습을 보기 위해 시간과 돈을 쏟아붓는다.

문제는 그렇게 노동하는 만큼, 점점 아이돌에게 바라는 바가 많아진다는 것이다. 아이돌을 위해 이렇게 공을 들여 노동해 줬으니, 그에 상응하는 팬서비스를 아이돌이 해 주기를 바란다. 예를 들어 팬들에게 더 웃어 주길 바라고, 팬카페에 글을 더 자주 써 주길 바라고, 팬들이 준 선물을 더 성심성의껏 인증해 주기를 바란다. 아이돌 덕질을 오랜 시간 하면서 점점 나는 이 구조가 서로를 괴롭게 만든다는 생각이 들었다. 팬들은 노동하느라 지치고, 아이돌은 일거수일투족을 평가당하고. 덕질할 때는 가장 열성적으로 했었지만, 지나고 난 후 생각해 보면 제일 허무하고 시간과 돈이 아까웠던 덕질이 아이돌 덕질이었음을 여기에라도 고백해 본다.

몇 번의 아이돌 덕질을 거친 후 다른 장르의 덕질을 하면서, 가끔 팬들이 최애에게 너무 많은 것을 바라는 것 같다 싶을 때면(SNS 자주 업로드해라, 버블 자주 와라 등) 나도 모르게 하는 말이 있다. "뭘 그런 것까지 바라고 그래? 아이돌도 아닌데." 그런 말을 하고 나면, 다시 또 고민에 빠지게 된다. 아니 그럼 아이돌한테는 바라도 되는가? 실제로 요즘 아이돌은 '소통'마저 평가받는다. 나는 아무리 생각해도 그게 건강한 덕질은 아니라고 본다. 팬들의 비정상적인 노동과 그에 따라 아이돌에게 당연시되는 많은 책임이 이제는 좀 줄었으면 좋겠다. (산업의 발전 방향을 보아하니 그럴 리 없을 것 같지만) 그러지 않는 이상, 내가 다시 아이돌을 좋아할 일은 없을 것 같다. 실제로 나는 아이돌 O를 '내 인생 마지막 아이돌'이라고 부른다.

가볍게 오래
좋아할 수 있는 덕질

나의 덕질 연대기
② 배우 편

∨ 혼자 영화제에 가다

때는 2011년, 대학생이었던 나는 인생에서 가장 우울하던 시기를 겪고 있었다. 당시 휴학생이었고, 멀쩡한 생활은커녕 집 앞 편의점에 나가기도 힘들었다. 그때 배우 D가 내 눈에 들어왔다. 물론 배우 D는 소위 톱스타로 그 전부터도 알고 있긴 했었다. 다만, 어떤 영화를 통해 단순히 아는 배우를 넘어 '좋아하는' 배우가 된 것이었다.

D의 덕질을 시작하고부터는 D와 관련된 모든 정보를 뒤졌고, 그가 출연한 단편 영화가 조만간 어느 영화제에

서 공개된다는 소식을 접하게 되었다. 영화제는 이화여대에 있는 아트하우스 모모에서 열릴 예정이었다. 무슨 용기가 났던 것일까, 집 앞에도 나가기 힘들어했던 나는 망설임 없이 티켓을 예매하고 그 영화를 보기 위해 혼자 이대에 갔다. 지금도 지하철역에서 내려서 영화관까지 걸어 들어가던 때가 기억난다. 햇살은 화창했고, 이대 학생들이 즐겁게 이야기하는 소리가 귀에 들렸다. 그 순간 스스로 우울의 늪에서 한 단계 벗어났음을 느꼈다. 좋아하는 배우의 새로운 작품을 보겠다는 의지가, 사랑이 나를 지하에서 땅 위로 기어 올라오게 만든 것이다.

한번 경험한 덕분인지 그날 이후로는 혼자서 여기저기 다니는 것이 전처럼 어렵지 않았다. 나중에는 D가 출연한 입덕 영화(내가 D에게 반하게 된 작품)가 재개봉한다는 이야기를 듣고 전주국제영화제에 혼자 다녀오기도 했다. 부적응 대학생이었던 나는 D를 덕질하면서 혼자 무언가를 하는 법을 배웠고, 덕분에 복학 후 학교에서 혼자 다녀야 할 때도 당당하게 버틸 수 있었다. 지금도 D를 떠올리면 대학생 시절이 생각나면서 그에게 고마운 마음이 든다. 좋아하는 마음이 우울이라는 덫에 갇혀 있던 나를 다시 세상으로 움직이게 해 줬다는 것을 알기 때문이다.

⌵ 내가 대상 배우의 팬이라니?

배우 W는 2018년 푹 빠졌던 모 드라마를 통해 좋아하게 되었다. 물론 W도 이미 유명한 배우였지만, 특정 드라마를 통해 완전히 푹 빠진 것이었다. W는 자칫 잘못하면 보기에 민망해지기 딱 좋은 장면들을 오직 연기로 설득해 드라마의 완성도를 높였다. 그런 그의 연기에서 일종의 장인정신까지 느껴졌다. 드라마 종영 후 인터뷰를 보면서 연기에 향한 그의 진중한 태도에 더욱 호감이 갔고, 결국 필모그래피를 따라 거슬러 올라가며 출연작을 하나하나 챙겨 보게 되었다. 입덕의 문을 연 것이다.

이후 그가 나오는 영화는 꼭 영화관에 가서 챙겨 봤고, 드라마가 아무리 취향이 아니어도 1화만큼은 보는 정성을 들였다. 최애가 나오는데 1화는 본다고? 나에게 배우 덕질이란 이런 것이었다. 아무리 최애가 나와도, 취향이 아닌 드라마를 끝까지 부여잡고 보지는 못했다. 초반은 열심히 챙겨 보되, 취향이 아니면 그냥 놓아주고 관련 기사들만 좀 찾아보곤 했다. 다행히 W는 작품을 꾸준히 하고 잘 고르는 편이라, 덕질 시작 이후 챙겨 봤던 드라마 중 최종화까지 시청한 드라마가 대다수였다. 연기력도 더욱 인정받아, 연기대상을 받기도 했다.

W는 내 배우 덕질의 가이드라인을 세워 준 사람이다. 배우를 좋아하기 시작하면, 이전 필모를 훑고 인터뷰를 탐독한다. 그의 출연 예정 작품들에 관심을 가지고 지켜본다. 사실 그것만으로 배우 덕질은 충분하다. 더 이상 할 수 있는 것도, 해야 할 것도 없다. 아이돌을 덕질할 때처럼 노동 수준으로 스밍할 필요도 없고, 팬으로서의 나를 증명해 내기 위해 노력할 필요도 없다. 모두에게 연기력을 인정받은 일명 '믿보배(믿고 보는 배우)'였기에 어디 가서 욕먹는 건 아닌지 걱정할 필요조차 없었다. 그런 점들이 나를 마음 편하게 덕질하게 해 주었던 것 같다.

⌵ 신인 배우를 좋아한다는 건 이런 것이구나

W 이후로 배우 덕질을 또 할 거라고는 예상하지 못했다. 그러나 입덕은 교통사고 혹은 자연재해처럼 갑작스럽

고 불가항력적이라서, 이번에도 모 드라마를 시청하다 결국 그 드라마의 주연 배우 L을 덕질하게 되었다. L의 덕질은 여러모로 정말 신선했다. 모름지기 배우 덕질을 시작하면 그 배우의 필모그래피부터 훑어야 하는데, 필모그래피라고 부를 게 없었다! 신인이라 이전 출연작이 거의 없다시피 했다. 인터뷰조차 몇 개 없었다. 벅차오르는 마음은 산처럼 커졌는데 뒤적일 과거 자료가 없다는 게 나에겐 너무나 신선하게 다가왔다.

대신 신인 배우에게는 무한한 가능성과 반짝반짝 빛나는 눈빛이 있었다. 이전에 좋아했던 배우 D와 W에게서는 이미 자리 잡은 베테랑의 퍼포먼스가 안정적으로 느껴졌다면, L에게서는 조금은 불안정하나 하루가 다르게 발전해 나가는 성장의 기운이 와닿았다. 배우에게서도, 팬인 나에게서도 앞으로 이 배우가 맡을 수많은 배역, 캐릭터에 대한 기대를 읽을 수 있었다. 그리고 그 기대와 설레는 마음 자체가 덕질에, 그리고 내 삶에 에너지를 주었다.

⌵ 가볍게 오래오래 좋아할 수 있어요

배우 덕질의 최고 장점은 앞에서도 언급했듯이 팬으로서 내가 뭘 할 필요가 딱히 없다는 것이다. 아이돌을 좋아할 때처럼 온갖 사이트에 가입해서 인간 매크로마냥 투표하지 않아도 되며 음원 스트리밍을 수백수천 번 돌리지 않아도 된다. 그저 배우가 나오는 작품을 열심히 보고 열심히 좋아하면 된다. 그게 전부다. (물론 사람마다 배우 덕질 방식에 차이가 있으나 내 경우에는 이런 편이다.) 그러니 상대적으로 가벼운 마음으로, 편안하게 덕질할 수 있다. 그래서인지 한번 좋아하기 시작한 배우는 정말 특수한 일이 벌어지지 않고서는 그냥 쭉 좋아한다. 새로운 작품 촬영에 들어갔다는 소식을 접하면 신나고, 작품이 공개되면 열심히 본다. 그것만으로도 충분히 만족스러운 덕질 생활이라 할 수 있을 것이다.

서사와 관계성에
미치는 덕질

나의 덕질 연대기
③ 드라마 편

⌵ 서사에 미친 사람이 바로 나야

나의 경우, 푹 빠져 덕질한 드라마들을 돌이켜 보면 모두 서사가 뛰어나고 캐릭터들 간에 관계성이 뛰어나다는 공통점이 있다. 잘 만들어진 캐릭터들, 그들이 절박하게 서로에게 의지하는 서사를 보여 주는 훌륭한 연출, 배우들의 열연이 눈에 들어오면 나는 그 드라마에 입덕한다. 드라마 덕후, 일명 드덕이 되면 드라마를 보는 것에서 끝나지 않고, 드라마에 대한 모든 정보를 얻기 위해 SNS와 커뮤니티를 돌아다니며 온갖 정보를 끌어모으고 관련 굿즈들을 산다. 드라마 관련 감독, 작가, 배우들의 인터뷰를 하나하나 찾아보고 되새김질한다. 그리고 무엇보다 드라마의 블루레이를 간절히 원하게 된다. 지금부터는 내가 블루레이를 간절히 원했던 드라마 세 편에 대해 이야기해 보겠다.

⌵ **제발 DVD라도 만들어 줘요**

처음 나를 드덕으로 입문하게 했던 작품은, KBS2에서 방영되었던 멜로드라마 H였다. 톱스타가 나오긴 했으나 유명 작가의 작품은 아니었던 터라 대대적인 홍보를 받으며 시작된, 소위 기대작으로 불리는 드라마는 아니었다. 우연히 채널을 돌리다가 1화를 보게 되었고, 특유의 잔잔하면서도 아름다운 분위기에 빠져 이후 본방 사수했다. 두 주인공이 인생에서 받은 각자의 상처를 서로를 통해 치유해 나가는 서사가 마음에 쏙 들었으며, 가을에 어울리는 서정적인 연출이 가슴에 와닿았다. 꼬박꼬박 본방을 챙겨 봤던 드라마 H는 마무리까지 깔끔하게 끝내 내 첫 인생 드라마가 되었다.

슬픈 이야기는 드라마가 끝나고부터 시작된다. 인생 드라마를 만나게 된 나는 자연스럽게 그 드라마의 블루레이가 갖고 싶어졌다. 덕후의 마음이라는 게 그렇다. 덕질하는 대상의 모든 것을 알고 싶고 결과물로 소유하고 싶다. 남들은 그냥 지나가는 장면에 대한 감독과 배우의 코멘트도 듣고 싶었고, 미공개 메이킹이나 비하인드 영상도 보고 싶었다. 촬영했지만 편집된 신은 물론, 대본도 궁금했다. 그 모든 것이 담겨 있는 블루레이가 발매되려면 일정 인원 이상의 선입금자가 모여야 했다.

나름 드덕이 좀 붙었기에 블루레이 추진 카페가 개설되고 선입금을 받는 데까지는 성공했다. 나 또한 절실하게 당시 잘 안 쓰던 SNS에 홍보까지 하며 블루레이 발매를 열망했지만, 끝내 선입금 최저선(블루레이가 발매되려면 채워야 하는 최소 금액)을 채우지 못해 결국 블루레이는커녕 DVD조차 발매되지 않고 끝났다.[1] 당시 감독님도 출연

---

[1] 블루레이보다 DVD의 제작비가 더 저렴하므로, 선입금 금액이 별로 모이지 않아 블루레이 추진이 어려울 경우 DVD로 변경해 추진하기도 한다. DVD의 화질이 블루레이보다 좋지 않기 때문에 어디까지나 차선책으로 쓰이는 편이다.

배우들도 인터뷰 참여에 긍정적이었던 터라 발매가 불발되었을 때 매우 아쉬웠던 기억이 있다. 지금도 가끔 생각날 정도다.

˅ 좋아하면 반드시 블루레이를 꿈꾸게 된다

두 번째로 내 마음에 들어온 드라마는 OCN에서 방영되었던 오컬트 드라마 S였다. 평소 호감을 느낀 배우들이 주인공이라기에 궁금해서 1화를 봤다가 순식간에 드라마에 몰입했고 그렇게 드라마에 입덕했다. 무려 수요일 목요일 밤 11시라는 극악의 시간대에 편성되었음에도(지금은 없어진 시간대), 환상적인 작감배[2]의 조화로 드라마는 차차 입소문을 타기 시작했다.

주연 세 명이 서로 의지하며 악귀에 맞서 싸우는 서사가 그야말로 완벽했다. 대중적이지 않은 소재와 꽤 잔인한 장면 때문에 시청률이 높지는 않았지만, 인터넷 화제성과 덕후몰이는 상당히 했던 드라마였다. 회차가 끝날

---

[2] 작가, 감독, 배우의 준말

때마다 누가 악귀일까에 대해 S 드라마 갤러리[3]에서 토론 대회가 열릴 정도였다.

최종화까지 화제 속에 방영되었던 드라마는 종영 후 순조롭게 블루레이가 추진되었고, 청불 드라마 최초 블루레이 발매 성공이라는 기록을 세웠다. 드덕이 된 후 소유하게 된 첫 블루레이였다. 이십만 원이 훌쩍 넘는 높은 가격에 걸맞게 본편은 물론 감독과 배우 코멘터리, 메이킹 등 다양한 콘텐츠가 담긴 블루레이 디스크가 무더기로 들어 있었고, 대본집을 포함한 각종 엽서, 포토카드 등 특전도 두둑했다. 팬들의 주도하에 블루레이가 추진된 만큼 각 특전이나 코멘터리에 팬들의 의견이 반영되었다는 점도 뿌듯했다. 무엇보다 내가 사랑해 마지않은 드라마를 더욱 격하게 앓을 수 있는 추가 콘텐츠를 손에 쥔 것이 너무나도 행복했다. 도착한 블루레이는 집에 있던 플레이스테이션으로 재생시켜서 잘 시청했다(블루레이는 재생을 위해 별도의 ODD나 플레이스테이션 등 플레이어가 필요하다).

---

[3] 인터넷 커뮤니티 '디시인사이드'에 드라마별 갤러리가 있는데, 드덕들은 보통 해당 드라마의 갤러리에 모여 활동했다.

˅ 내 인생에 웹드라마는 없을 줄 알았는데

사실 드라마 S 이후 더 이상 드라마 덕질은 하지 않을 줄 알았다. 그 시기 이후로 내가 드라마 자체를 거의 안 봤기 때문이었다. 영상 콘텐츠 자체에 좀 심드렁해진 상태였다. 특히 최근 몇 년 사이에 트렌드로 번진 소위 웹드라마[4]에는 더더욱 관심이 하나도 없었다.

하지만 그러던 어느 날 갑자기 드라마가 보고 싶다는 생각이 들었고, 이런저런 OTT를 넘나들며 몇 개의 웹드라마를 별 감흥 없이 보던 나는 결국 드라마 Y를 만나고야 말았다. 순식간에 첫 화부터 마지막 화까지 몰아 본 나는(합쳐도 세 시간이 안 되는 짧은 드라마였음) 당연하다는 듯이 SNS에 접속해 드라마와 출연 배우에 대한 검색을 시작하고(즉 덕질을 시작하고) 있었다. 저예산 웹드라마 특징상 작감배 모두 신인에 경력이 거의 없다시피 한 사람들이었는데도 주인공들의 서사와 그 서사를 풀어내는 연출과 연기가 모두 굉장했다. 거기에 레거시 미디어 드라마에서는 쉽게 볼 수 없는 풋풋한 감성이 더해졌다.

---

[4] OTT, 유튜브 등 뉴미디어를 통해 송출되는 드라마

드라마를 수십 번 돌려보고 비하인드 영상을 본 뒤에 나는 결국 그 드라마의 블루레이까지 구매했다. 내가 드라마를 안 본 몇 년 사이에 블루레이 제작에 대한 기준이 바뀐 건지 모르겠지만, 작은 웹드라마인데도 블루레이가 나오더라! (몇 달을 기다려서 받았지만) 그렇게 받은 블루레이에 실린 메이킹 영상, 감독과 출연진의 코멘터리 영상을 보면서 얼마나 행복했는지 모른다.

ˇ 그 계절이 되면 그 드라마가 떠올라

계절을 추억할 수 있다는 것은 드라마 덕질의 가장 독특한 장점이다. 흠뻑 빠져 좋아했던 드라마는 머릿속에 강하게 각인되어, 드라마 속 배경이 되는 계절이 올 때마다 어김없이 떠올라 감성에 젖게 한다. 나는 아직도 초가을 선선한 날씨에 좀 서정적인 기분이 들 때면 H가 생각나고, 가을에서 겨울로 넘어가는 쌀쌀한 바람이 부는 계절이 되면 드라마 S를 떠올린다. 그리고 앞으로 초여름 뜨거운 햇살 아래에서는 Y를 두고두고 떠올리게 될 것 같다.

드라마를 덕질하는 것은 어떤 사람을 덕질하는 것이 아

니라 특정한 콘텐츠를 좋아하는 것이기에 다른 덕질과 결이 약간 다르다. 드라마를 통해 알게 된 작감배의 후속작도 응원하고 찾아보는 편이지만, 그들이 만나 그 시기에 나온 드라마만큼 나를 미치게 만들지는 못했다. 결국 드라마를 덕질한다는 건 끊임없이 과거의 어떤 지점을 되새기며 추억하는 과정일지도 모르겠다. 아, 물론 작감배 그대로 시즌2가 나오길 간절히 기도하고 있긴 하다. 그러면 미래지향적 덕질이라고 할 수 있으려나?

인생에
도움이 되는 덕질

나의 덕질 연대기
④ 일본 연예인 편

﹀ 제이록과 일본 예능에 빠지다

어쩌다 시작되었는지는 기억이 안 난다. 정신을 차려보니 당시 중학생이었던 나는 제이팝을 듣고 일본 예능을 저화질로라도 찾아보고 있었다. 특히나 내가 좋아했던 제이팝 장르는 제이록 J-Rock 이라 불리는 록 장르였다. 그중에서도 일명 비주얼 록이라는, 지금 생각하니 괴상한 이름으로 불렸던 장르에 심취했었다. 전주만 3분이 넘어가는 노래들도 많았는데, 당시 질풍노도의 청소년기를 보내고 있던 내게는 그런 비장하고 슬픈 감성이 딱 먹혔다. 사실 노래는 정말 좋아서 지금도 종종 생각나면 CD를 주섬주섬 꺼내서 재생하곤 한다.

여하간 그렇게 좋아했던 록 가수 중 한 명이 당시 여러 예능에서 활약했는데, 그래서 자연스럽게 일본 예능에도 발을 들이게 되었다. 여기서 잠깐, 당시만 해도 일본 예능은 어떤 덕후가 업로드하는 비공식 영상＋자막으로 봤다(저작권 의식이 없었던 시절의 이야기). 일본에서 방송하고 얼마 지나면 카페에 능력자 덕후가 직접 만든 자막을 붙인 영상이 게시되었는데, 그걸 되게 열심히 챙겨 본 기억이 있다. 〈도모토 쿄다이堂本兄弟〉나 〈우타방うたばん〉같이 게스트가 나오는 음악 기반 토크 프로그램을 유독 좋아해서, 방송에 나오는 노래들을 열심히 따라 불렀다. 이때만 해도 일본어를 아예 모를 때라, 의미도 모르는 일본어를 발음 그대로 외우는 수준이었다.

˅ 일본 아이돌 노래만 취급하던 시기가 있다

고등학생 때부터 대학생 시절까지는 뒤늦게 일본 여자 아이돌에 푹 빠져 지냈다. 당시에는 덕질 수준은 아니라고 생각했지만, 돌이켜보면 덕질이었다. 일본 유명 여자 아이돌 M의 노래(데뷔한 지 오래된 아이돌이라 싱글 타이틀만 수십 개)를 MP3에 넣어서 야자 시간마다 들었다. 외국어로 된 노래다 보니 일본어, 한글 발음, 한국어 해석으로 세 줄이 기본인 (친절한 덕후들이 만들어 준) 가사집을 보며 달달 외웠다.

과제 때문에 지치고 힘들 때는 M의 콘서트 영상을 틀었다. 밝게 웃으며 몇 시간 동안 지치지도 않고 공연장을 뛰어다니는 아이돌의 반짝반짝한 모습을 보며 나도 에너지를 채웠던 것 같다. 예쁜 여자아이돌이 화려한 의상을 입고 라이브로 노래하는 모습을 보는 자체가 즐거웠다.

제2외국어로 프랑스어가 아닌 일본어를 선택하다

제이록에서 일본 예능, 그리고 일본 아이돌까지 덕질하다 보니 일본어에 관심이 생기는 건 당연했다. 나도 해석 없이 노래 가사를 이해하고 싶었고, 자막 없이 예능을 보며 웃고 싶었다. 부모님을 졸라서 구몬 일본어를 신청해 일본어 공부를 시작했다. 히라가나와 가타카나를 외우고 문법을 공부했다. 사실 일본어를 공부하기에 너무나 좋은 환경이었다. 매일 일본어 듣기와 독해를 하고 있던 거나 다름없었으니 말이다. 영어 공부하기 위해 억지로 타임스 기사를 읽지 않는가? 그 당시의 나는 일본어에 대해서는 이미 그런 과정을 심지어 매우 즐겁게! 반복하고 있었다. 그러니 귀가 트이는 건 당연했다.

내가 고등학생이었던 시절 다니던 고등학교에는 제2외국어 선생님이 프랑스어, 독일어 선생님만 계셨고, 따라서 제2외국어로 일본어가 아닌 프랑스어 또는 독일어 중 하나를 골라야만 했다. 나는 프랑스어를 골랐는데, 공부에 통 흥미를 붙이지 못했다. 당연한 일이었다. 프랑스라는 나라나 그 나라의 문화에 관심이 하나도 없는데 거기다 복잡하기로 유명한 언어를 배울 마음이 들 리 없었다. 대신 집에 가서는 일본 노래를 듣고 일본 예능을 보며 스스로 일본어를 공부했다.

그렇게 시간이 지났고, 수능에 응시하며 제2외국어를 골라야 하는 시점이 왔다. 고민에 고민을 거듭했던 나는 결국 제2외국어 과목으로 일본어를 골랐다. 2년 동안 학교에서 배운 프랑스어보다 내가 독학한 일본어 실력이 더

나을 거라는 판단에서였다. 다년간의 덕질이 빛을 발하던 순간이었다.

센세, 제 회화 실력이 좋은 건 다 덕질 덕분이라고요

대학생이 되어서도 일본 아이돌 노래를 주로 듣고 다녔다. 용량이 꽤 늘어난 핸드폰에는 제일 좋아하는 콘서트 영상을 넣어서 공강 시간에 보곤 했다. 그리고 강남에 있는 유명한 일본어 학원에 등록해 수업을 들었다. 일본어 기초 과정부터 시작해서 나중에는 JLPT 1급 반까지 섭렵, 결국 JLPT 1급을 손에 넣었다. 거기에서 만족하지 못하고 일본어 회화반에 등록해 제일 높은 레벨까지 올라갔다. 당시 굉장히 열성적으로 회화를 가르쳐 주었던 원어민 선생님은 내가 듣기와 말하기를 아주 편하게 잘한다고 칭찬해 주셨었다. 센세, 그건 다 다년간의 일본 노래 청취와 예능 시청 덕분이라고요! 그렇게 일본 문화 덕질은 나에게 일본어 능력이라는 선물을 주었다.

그래서 일본어 능력이 내 인생에 되게 도움이 되었냐 하면, 안타깝게도 그건 아니다. 물론 취업할 때 토익 점수

말고도 내밀 수 있는 외국어 능력이 하나 더 있다는 게 자신감에 도움이 되긴 했지만, 내가 일본어를 주로 사용하는 회사에 취업하려던 게 아니라 큰 도움이 되지는 않았다. 회사에 들어오고 나서는 더더욱 일본어를 쓸 일이 없었기에(일본과 전혀 관련 없는 회사) 내 일본어 실력은 영어 실력과 함께 꾸준히 퇴화하고 있다.

그래도, 의미가 없지는 않았다. 나는 지금도 일본에 가서 대충 이것저것 물어보며 다닐 수 있는 회화 실력을 유지하고 있으며, 일본 사이트에서 번역기를 돌리지 않고도 직구 정도는 가능하다(이걸 나는 돈 쓰는 일본어라 부른다. 돈 버는 건 못하지만 쓰는 건 가능한 수준). 그리고 아주 가끔 예전에 좋아했던 일본 아이돌의 영상을 볼 때 자막 없이도 대충 무슨 말을 하는지 알아들을 수 있기도 하고, 언니가 보는 뜨개질 책(일본은 뜨개질 시장이 발달해서 원서를 종종 구해 본다) 내용을 해석해 주기도 한다. 일상에 즐거움을 더할 수 있으니, 이 정도면 덕질은 인생에 도움이 된다고 할 수도 있을 것이다.

한국 아이돌이 해외에서 성공하는 것이 한국의 이미지를 좋게 하는 데 무슨 연관성이 있냐는 의견을 가진 사람들도 있다. 하지만 내가 직접 경험해 봐서 아는데, 문화는 생각보다 그 나라에 대한 인식에 많은 영향을 미친다. 나 또한 일본의 노래와 예능을 보기 시작하면서 일본 문화에 대해서도 자연스럽게 관심을 가졌고, 누가 시키지도 않았는데 일본어를 공부했다. 지금 한국의 아이돌을 좋아하는, 그리고 한국 드라마를 좋아하는 수많은 해외팬도 비슷한 과정을 거치고 있음을 확신한다. 그러니 한국 문화가 외국에서 좋은 반응을 얻을 때마다 한국인으로서 덩달아 신이 나는 건 아주 자연스러운 반응이라 할 수 있겠다. 나 또한 어렸을 때 그랬으니까.

아주 비싸고
예쁜 덕질

나의 덕질 연대기
⑤ 구체관절인형 편

 가장 흑역사를 많이 생성한다는 중고등학생 시기, 나도 지금 생각하면 부끄러워지는 몇 가지 취향을 가졌었더랬다. 펑크스타일 옷이나 액세서리 같은 것들이 그 대표적 예라 할 수 있다(사실 지금도 여전히 좋아하긴 한다). 그중 하나가 바로 구체관절인형이었다. 지금은 너무나 대중화되어 웬만한 초등학생들도 다 가지고 있지만 나는 그 분야가 막 태동했을 때 푹 빠져들고 말았다. 예쁘고 화려한 것이 취향이라 좋아할 수밖에 없긴 했다.

구체관절인형은 보통 우레탄으로 개별 관절을 구분해 만든 인형을 일컫는데, 관절들을 줄('텐션'이라고 불렀다)로 연결해 인형의 포즈를 자유자재로 바꿀 수 있는 것이 특징이다. 안구부터 가발, 옷, 메이크업까지 전부 변형이 가능해서 소유자가 원하는 콘셉트로 꾸밀 수 있다. 능력자들이 자신의 인형을 한껏 꾸미고 찍은 사진들을 구경하며 당시 학생이었던 나는 내 소유의 인형을 꿈꿨다. 문제는 가격이었다. 당시 사고 싶었던 구체관절인형은 약 30~40만 원 정도였다(당시 최저시급이 4000원이 안 되었으니 얼마나 비싼 아이템인지 실감이 날 것이다). 그냥 한마디로 학생이 건드릴 수 있는 물건이 아니었다. 하지만 불굴의 의지를 가지고 세뱃돈과 용돈을 열심히 모은 나는 그 큰돈을 그대로 인형에 바쳤다. 그리고 나의 첫 인형, '연하'를 갖게 되었다.

연하는 구체관절인형숍인 B사에서 내놓은 MSD사이즈(40센티미터 정도 되는 크기)의 인형 중 하나였으며, 원래는 남자 인형이었지만 나는 여아 바디와 조립해 여자 인형으로 데려왔다. 안개와 노을을 뜻하는 한자어 '연하煙霞'라는 단어를 어렵게 찾아 이름으로 붙여 주었다. 은은한 미소와 살짝 처진 눈꼬리가 딱 내 취향이었다. 나는 인형에 혹시나 뭐라도 묻을까 애지중지하여 잘 꺼내지도 못하고 대부분 케이스 안에 보관한 채로 보냈다.

'그 뒤로 연하와 함께 행복하게 오래오래 살았습니다'로 끝났다면 좋았겠지만, 현실은 그렇지가 못했다. 첫 인형을 들이고 나니 두 번째 인형이 사고 싶어졌다. 이번엔 SD사이즈(60센티미터 정도)로 사고 싶어, 이번엔 저 헤드(인형 머리만 따로 팔기도 했다)가 가지고 싶어 새로운 소유욕이 들끓었다. 특히 인형계에는 한정 문화가 있어서, 딱 정해진 수량만 팔거나 특정 기간에만 구매할 수 있는 경우가 많았기에 경제적으로 자유롭지 못한 학생이었던 나는 더욱 애가 탈 수밖에 없었다. 결국 나는 대부분의 용돈을 나를 꾸미는 데 쓰기보다 구체관절인형과 그 인형을 꾸미는 데 쓰며 고등학생, 대학생 시절을 보냈다.

그렇게 여러 인형과 가발, 안구 등을 사 왔던 나였지만 궁극의 로망 모델은 따로 있었다. 바로 구체관절인형의

탄생지와 같은 일본 모 회사의 A 모델 인형이었다. 그 회사는 가끔 한정으로만 인형을 내놓기 때문에, 특정 모델 인형을 사려면 중고 시장에서 비싼 값을 주고 사는 수밖에 없는 상황이었다. 내가 사랑했던(사랑했다고밖에는 설명이 안 됨) 모델은 헤드만 몇십만 원에 거래되며 그마저도 중고 시장에 잘 뜨지 않는 아주 희귀한 모델이었다. 나는 각종 카페와 클럽 등에서 그 모델 인형을 가진 사람들이 올린 사진들을 보며 언젠가 나도 그 인형을 가질 날을 꿈꿨다. 그렇게 수년을 보낸 뒤, 어느 날 중고 매물로 올라온 A 모델 헤드를 발견한 나는 충동적으로 중고 거래에 도전했고, 그렇게 꿈에 그리던 헤드를 손에 넣게 된다.

여기에서 재미있는 일이 벌어진다. 그렇게 꿈에 그리던 헤드를 가진 내가 한 행동은 무엇이었을까? 예상대로라면 그 헤드에 원래 되어 있는 메이크업을 지우고(메이크업을 시너로 지워야 하기에 매우 어려운 과정을 거쳐야 함), 내 취향에 맞는 새 메이크업숍을 찾아 메이크업을 맡기고, 바디를 구하고, 바디에 맞는 옷을 사고, 안구와 가발을 사서 예쁘게 꾸민 뒤에 사진을 찍어 카페에든 블로그에든 자랑하는 글을 올렸어야 했다. 하지만 A 모델 헤드를 가지게 되었음에도 구매한 상태 그대로 잘 보관만 하고 전혀 사용하지 않았다. 구체관절인형에 대한 열정도 그 이후로 왠지 시들해져 다른 인형들까지 전부 다 침대 밑에 케이스째로 보관하게 되었다.

지금도 내가 왜 궁극의 인형을 손에 넣고 나서 갑자기 마음이 확 식어 버렸는지는 잘 모르겠다. 갈망하던 것을 마침내 손에 넣는 순간, 허무함을 느끼는 것은 인간의 본성인 걸까? 여하간 내가 아마도 수백만 원 이상을 투자한 (인형+옷+안구+가발을 더하면 그쯤 될 듯) 인형 및 기타 장비들은 지금도 옷장 속 어딘가에서 조용히 보관되고 있다. A 모델 인형을 꺼내 놓고 싶은 마음이 들지만, 헤드만 덜렁 있어 그마저도 쉽지 않다. 더 넓은 집으로 이사를 가게 되면 가지고 있는 인형들을 쫙 전시해 놓고 사진을 찍어보고 싶긴 하다. 그때까지는 좀 더 옷장 속에서 버텨 주거라 얘들아.

승리를 넘어
행복을 응원하는 덕질

나의 덕질 연대기
⑥ 프로게이머 편

⌵ 게임을 더럽게 못해도 꽤 좋아하는 아이

 어렸을 때 게임을 정말 못했다. RPG든 대전게임이든 뭐든, 단언하건대 게임 실력으로 순위를 매긴다면 하위 10퍼센트에 들 수 있을 것이라 자부한다. 그럼에도 나는 게임을 참 좋아하는 아이였다. 초등학생 시절에는 컴퓨터를 사면 들어 있는 게임들(라이온 킹, 재즈 잭래빗 등)을 열심히 플레이했으며, 좀 커서는 용돈을 모아 닌텐도 DS를 사서 마리오, 젤다의 전설, 동물의 숲 같은 대표 소프트웨어들을 섭렵했다. 게임 좀 아는 사람들은 알겠지만, 비교

적 어렵지 않은 닌텐도의 게임들을 플레이하면서도 항상 공략을 찾아보았다는 점에서 게임 쪽으로는 재능이 거의 없음을 증명할 수 있다.

그러니 사람끼리 겨루는 대전 게임은 할 엄두도 내지 못했다. 상대가 컴퓨터여도 고전하는데, 심지어 나보다 잘하는 사람이라고? 이건 처음부터 지는 싸움이었다. 하지만 게임에 대한 호기심이 없는 것은 아니었다. 특히 내가 학생 때 스타크래프트가 거의 민속놀이 수준의 선풍적 인기를 누리면서 관심을 안 가지려야 안 가질 수가 없었다. 그리고 이 관심은 자연스럽게 프로게이머에게로 옮겨갔다. 내가 정말 좋아하지만 정말 못하는 '게임'을 너무나 잘해서 그걸 직업으로 삼은 사람이라니. 동경심이 생길 수밖에 없는 상황이었다. 그렇게 나는 프로게이머 덕질을 시작했다.

언더독 사랑, 이인자를 응원하다

처음부터 단추를 잘못 끼운 것인지도 모르겠다. 그렇지만 나는 어쩐지 대세보다는 언더독에 감정 이입하는 사람이었다. 테란[5]이 주도권을 잡고 있었던 당시 프로게이머 판에서, 나는 언더독의 포지션에 있었던 저그를 응원했다. 그중에서도, 유독 결승까지는 많이 올라갔지만 끝내 정규대회 우승컵을 들어 올리지는 못했던 한 선수를 좋아했다(라고 얘기하면 누군지 다 알 것 같긴 하다). 우직하게 정도를 지키는 게임을 하고 싶어 했던 H는 결국 은퇴할 때까지 우승컵을 들어 올리지 못했고, 그 때문에 그는 선수 생활 말년에는 외적으로나 내적으로나 꽤 힘들어했던 것으로 알고 있다.

늘 일인자와 비교당하며 온갖 사람들에게 조롱당하는 게 일상이었지만, 내 선수는 게임에 대한 자신의 신념(팬들에게 재미있는 경기를 해야 한다)을 끝까지 저버리지 않았다. 내가 좋아했던 시기에 그는 이미 전성기를 지나서 이기는 경기보다 지는 경기가 많은 상태였지만, 그럼에도 그를 응원했던 것에 후회는 없다. 가끔 이길 때는 끝내주

---

[5] 스타크래프트를 플레이하면 선택하는 종족 중 하나. 총 세 가지 종족이 있는데 테란, 저그, 프로토스로 구성되어 있다. 종족 간 밸런스를 맞추어 게임이 설계되고 이를 지향해 매번 패치가 진행되었지만, 플레이어들 사이에서는 유독 테란이 주종족인 프로게이머가 우승하는 경우가 많아 테사기(테란은 사기 종족)라고 불리기도 한다.

게 멋진 명경기를 만들어서 생방송으로 온게임넷이나 MBC게임(당시 게임 방송 케이블 채널)을 보고 있던 나를 울리기도 했다. 그리고 무엇보다, 게이머로서 명예롭게 은퇴하고 그 이후의 삶도 멋지게 잘 살아서 팬인 나를 뿌듯하게 했다. 그래서인지, H 선수가 내가 응원했던 첫 게이머여서 늘 고맙다.

저그의 제왕, 그리고 승부조작

저그를 좋아했던 사람 중에서 M 선수를 응원하지 않았던 사람은 거의 없을 것이다. 그만큼 업계에서 M의 존재감은 대단했다. 그간 언더독 포지션에만 있었던 저그를 단숨에 주인공으로 끌어올린 사람이었다. 나로선 응원할 수밖에 없었다. 저그라는 상대적 취약 종족으로 테란을 때려잡는 그 모습은 가히 환상적이었다. 나는 그런 M의 전성기에 응원을 시작해, 슬럼프와 그 극복 과정을 모두 함께했다. 당시 그가 속해 있었던 팀까지 같이 응원하며 말 그대로 그가 울 때 나도 울며 온 마음을 다해 응원했다.

그랬기 때문에, 그렇게 열심히 응원했던 선수가 승부조

작에 가담했다는 뉴스를 봤을 때 받은 충격은 매우 컸다. 일전에 언급하지 않았는가? 최애들이여, 사회면에 나오지 말라고. 얼마나 충격이었냐면 그 소식을 들었을 때 내가 어디에서 뭘 하고 있었는지 지금도 선명히 기억날 정도이다. 최애가 본질적으로 나를 배신해서 탈덕한 것은 이때가 처음이자 마지막이었다. 그의 명경기를 다시 볼 수 없었고, 소식도 궁금하지 않았다. 그만큼 충격이 컸다.

시간이 약이라고, 지금은 M을 생각해도 그렇게까지 괴롭지는 않다. 가끔 내가 정말 좋아했던 경기는 다시 찾아보기도 한다. 스타크래프트 업계에서 승부조작 문제가 터졌을 때, 한 해설자가 했던 말이 있다.

"경기가 조작되었다고 해서 내가 응원했던 마음마저 거짓이었던 것은 아니다."

그래, 내가 응원했던 마음은 늘 진심이었으니까. 즐거워하고 좋아했던 추억까지 다 불태우기엔 좀 아깝지 않을까? 물론 이런 마음과는 별개로 M은 업계에서 존재하지 않는 사람 취급받는 게 맞다.

⌵ 어쩌다 보니 또 베테랑

M의 승부조작으로 너무 큰 상처를 받았기에, 다시는 프로게이머를 좋아하지 않으리라 다짐했었다. 승패가 있는 세계에서 최애가 졌을 때 겪어야만 하는 고통에 진력난 상태이기도 했다. 그랬는데, 정말 다신 안 좋아하겠다고 마음을 굳게 먹었는데, 어느 날 우연히 트위치에서 스트리밍 중이던 리그 오브 레전드LOL 플레이오프 경기를 보게 되었고, 게임 룰도 몰랐던 나는 기적같이 승리를 쟁취하고 눈물을 터뜨린 한 선수에게 빠졌다. 그는 베테랑이자 같은 팀 선수들의 롤모델이었다. 그 선수는 전성기를 지났다고 평가받고 있었지만, 모두의 예상과 달리 롤드컵[6]에서 우승하며 내게 엄청난 기쁨을 주기도 했다. 어찌 되었든 나에게 LOL 프로게이머 덕질 최고의 순간을 경험하게 해 줘서 고마울 따름이다.

---

[6] 리그 오브 레전드 월드 챔피언십League of Legends World Championship은 세계에서 가장 큰 규모의 e스포츠 대회이자 한 해의 마지막을 장식하는 대회다. 리그가 있는 세계 5개 지역의 최상위권 클럽 팀이 월드 챔피언을 놓고 경쟁한다. 공식 약칭은 월즈라고 하지만, 보통 커뮤니티나 업계에서는 '롤+월드컵'의 의미를 가진 롤드컵을 비공식 약칭으로 사용한다.

⌵ 게임, 그 너머에

아주아주 먼 옛날, 그러니까 프로게이머라는 직업이 사람들에게 익숙하지 않았던 그 시절에 WCG라는 전 세계 게임 대축제 같은 행사가 매년 열렸었다(요새도 열리는지는 잘 모르겠다). 그 당시에는 유일했던 국제 공식 대회라서, 나름 올림픽처럼 국가대표로 WCG에 나갈 선수를 뽑는 선발전을 따로 진행하기도 했다. 여하간 그 WCG의 주제가가 있었는데, 나는 이 노래가 프로게이머라는 직업의 의미를 나타낸다고 생각한다. 노래의 제목은 〈Beyond the Game〉으로 한국어로 해석해 보자면 '게임, 그 너머에' 정도겠다. 단순히 재밌자고 하는 게임이 아니다. 팬들의 사랑을 받으며 많은 것을 걸고 게임에 임하는 이상, 이 싸움에는 게임 그 이상의 무언가가 있다. 나는 이 노래에 그런 의미가 담겨 있다고 생각한다.

프로게이머란 직업이 생긴 지 20년 넘게 시간이 흘렀지만, 게임을 업으로 삼는 것에 대해 여전히 삐딱하게 바라보는 사람들이 있다. 그런 사람들에게 난 이 노래를 들려주고 싶다. 프로게이머는 단순히 게임을 즐기기 위한 직업이 아니다. 다른 프로 스포츠와 마찬가지로 그들은 승리의 환희를 느끼기 위해 **뼈**를 깎는 노력을 마다하지 않는다. 팀원들끼리 끈끈한 관계를 유지하고, 함께 힘을 합쳐 승리했을 때 뜨거운 눈물을 흘린다. 그리고 그 모든 과정에 팬이 함께한다. 돌이켜보면 그 속에는 분명, 단순한 승리와 패배 이상의 감동과 행복이 있었다. 결국 그 감동을 한번 맛보면, 프로게이머의 팬이 될 수밖에 없다는 생각도 든다. 승패를 넘어선 행복과 감동이 있는 덕질, 그게 내가 생각하는 프로게이머 덕질이다.

외로울 때
곁에 있는 덕질

나의 덕질 연대기
⑦ 인터넷방송 편

∨ 생활 속에 스며들어 있었던 인터넷방송

생각해 보면 내가 아무 덕질도 하지 않고 보냈던 몇 년의 시간 동안 꾸준히 하던 일이 있었다. 바로 인터넷방송 시청이었다. 내가 보던 인터넷방송은 매일 저녁 8시에 시작해서 새벽 2~3시 정도에 끝나는데, 그러다 보니 자려고 누웠을 때쯤 틀어 두기 용이했다. '딱히 널 사랑하는 건 아니야'의 마인드로 거의 매일매일 잘 시간이 되면 트위치[7]

---

[7] 지금은 한국에서 철수한 게임 스트리밍 전문 플랫폼

를 실행하고 시청했다. 그렇게 몇 년을 보냈으니, 지금 생각해 보면 인터넷방송 덕질을 했던 것 같다.

시작은 자연스러웠다. 게임을 좋아하고 게임 잘하는 사람을 동경하는 나로서, 프로게이머에 이어 각종 콘솔 게임들을 전문적으로 플레이하는 사람들이 나오는 인터넷방송을 보게 된 것은 자연스러운 일이었다. 이런저런 플랫폼을 돌아다니며 여러 스트리머의 게임 플레이 방송을 보다가 마음에 드는 몇몇 스트리머를 팔로잉하고 방송이 켜질 때를 기다렸다 시청했다. 그렇게 몇 년을 시청하다 보니, 자연스럽게 익숙해진 스트리머에게는 정이 가고 잘되었으면 좋겠다는 마음이 들기 시작했다. 그렇게 인터넷방송 덕질은 시나브로 시작되었다.

˅ **우리는 새해 일출을 같이 본 사이라고요**

외로울 때 곁에 있는 사람만큼 고맙고 마음이 가는 사람도 없다. 내게는 인터넷방송이(정확히는 인터넷방송을 진행하는 스트리머가) 그런 존재였다. 회사와 집만 왕복하며 그 어떤 인간관계도 맺지 않았던 몇 년간, 집에 오면 나는 철저하게 혼자였고 그래서 더욱 외로웠다. 그럴 때 내 외로움을 지워 준 존재가 인터넷방송이었다. 서너 명의 성실한 스트리머를 구독하는 경우, 매일 저녁 그중 두 명 정도는 반드시 방송을 켜 게임을 하고 있었다. 마치 라디오처럼 정해진 시간에 내가 켜기만 하면 늘 거기에 존재하는 사람들이 있다는 것 자체가 나에겐 큰 위안이 되었던 것 같다. 인터넷방송은 기본적으로 즐겁기 위해 보는 것이므로 늘 활기차고 웃겼다. 그러니 기분이 좋지 않더라도 인터넷방송을 보다 보면 약간은 나아지는 자신을 느끼기도 했다. 그런 점이 좋았다.

　소위 인싸들이 친구들을 만나 왁자지껄한 시간을 보내는 날이면 나 같은 아웃사이더들은 더욱 외로워지는 법. 그런 날들에도 인터넷방송은 늘 내 곁에 있어 주었다. 대표적으로 떠오르는 것이 12월 31일에서 1월 1일로 넘어가는 날이다. 가족들, 친구들 혹은 연인끼리 '해피 뉴 이어!'를 외치는 그 순간, 나는 침대에서 이불을 뒤집어쓰고 꾸물대며 인터넷방송을 틀어 놓았다. 그러면 나도 스트리머와 채팅창의 수많은 사람과 함께 새해 복 많이 받으라는 말을 주고받을 수 있었다.

그것으로 끝이 아니라, 주로 밤에 방송을 진행하는 인터넷방송 특성상 새해가 되면 스트리머들은 꼭 밤을 새워 게임을 하고 새해 첫 일출을 같이 보는 콘텐츠를 진행했다. 주로 당시 유행하는 게임(내가 본 게임들은 유로트럭, 오버워치, WOW 등이었다)에서 해 뜨는 장면을 보고 시청자들과 함께 축하하는 게 전부인데, 이렇게 글로 쓰면 되게 별거 아닌 것 같지만 막상 실제로 함께해 보면 잔잔한 감동이 일었다. (게임 속에서) 찬란히 떠오르는 해를 보면서 수천 명 이상의 시청자가 제각기 자신의 새해 소망을 채팅으로 말하고, 스트리머가 그것을 일일이 읽으며 새해 복 많이 받으라고 말하는 모습을 보고 있자면 나도 왠지 혼자가 아닌 것 같은 느낌이 들면서 가슴이 뭉클해졌다. 혼자였지만 우리는 분명히 함께였다.

˅ 우리는 친구친구

내가 가장 즐겨 보는 스트리머의 방송에서는 시청자들이 구독을 갱신하면서(인터넷방송을 보는 것은 기본적으로 중간중간 광고를 시청한다는 전제하에 무료지만, 특정 방송을 몇천

원 내고 구독하면 그 방송을 볼 때는 광고를 보지 않을 수 있다) '이번 달 친구비 결제합니다'라고 말하는 밈이 있다. 스트리머를 친구 대신으로 여긴다는 약간은 웃픈 밈인데, 나는 이게 어떤 의미로는 진짜라는 생각을 한 적이 많았다. 스트리머는 일견 연예인과 비슷한 존재이기도 하지만, 다른 한편으로는 늘 그 자리에 있어 주는 친구와 비슷하기도 하다. 연예인처럼 하염없이 멀고 닿을 수 없는 존재가 아니라 힘들 때 통화하면서 위로를 받을 수 있는 존재에 가깝달까. 그래서 즐겨 보는 스트리머의 경우 유독 마음이 가고 정신적으로든 물질적으로든 행복하기를 바라게 된다. 친구야, 늘 고맙다. 앞으로도 내 잠 못 이루는 밤을 잘 부탁해.

'이런 분야까지?'
소리가 나오는 덕질

나의 덕질 연대기
⑧ 기타 카테고리 편

나의 수많은 덕질을 정리했던 '나의 덕질 연대기'도 이제 마지막을 바라보고 있다. 그간 아이돌, 배우, 드라마 등등 다양한 분야의 덕질 역사를 정리해 보았으나, 그 어떤 카테고리에도 들어가기 애매한 덕질도 있었다. 이 글에서는 그런 기타 카테고리에 포함되는 덕질을 모아서 이야기해 보려고 한다. 기타 카테고리에 속한다고 해서 다른 덕질에 비해 애정이 적었냐고 물어본다면 절대 그렇지 않다고 답하겠다.

⌵ 예능 프로그램과 씨름 선수도 덕질합니다

나는 씨름 관련 예능 프로그램과 씨름 선수를 덕질한 적이 있다. 이게 대체 무슨 소리야? 뭘 덕질해? 싶은 분들도 있을 것이다. 씨름은 우리나라 전통 스포츠이고 이만기, 강호동이 천하장사였던 시절에는 국민적인 인기를 누렸던 종목이었으나, 최근 몇 년 동안은 철저히 비인기 스포츠로 분류되었다. 요즘 유명한 씨름 선수가 누구지? 하면 대답할 수 있는 사람이 거의 없었을 것이다. 씨름 중에서도 낮은 체급(씨름 체급은 높은 체급부터 백두-한라-금강-태백 순이다)은 더더욱 인기가 없었다. 이때, 어느 예능 PD가 엄청난 프로그램을 기획했다. 바로 인터넷에서 화제가 되었던 〈씨름의 희열〉이다.

저체급(태백, 금강) 선수들에 초점을 맞춰서, 이들 중에 최강자를 가리는 서바이벌 예능이었다. 다만 프로그램의 내용은 여느 서바이벌 프로그램과 달랐다. 질 낮은 신경전이나 같잖은 도발 같은 건 찾아볼 수 없었다. 오로지 선수 개인의 삶, 씨름에 대한 열정, 씨름 기술 그 자체의 매력에 집중한 편집이 느껴졌다. 그리고 그런 프로그램을 보면서 울고 웃던 나는 어느새 씨름이라는 스포츠에 입덕한 후였다. TV로 본방을 보고 OTT로 보고 또 보고, 비하인드 영상까지 싹 다 찾아서 돌려 봤다. 씨름 기술도 하나둘씩 배우기 시작했다.

그중에서 나는 한 선수에게 빠져서 꽤 열심히 응원하며 프로그램을 끝까지 시청했는데, 씨름 황제라 불리는 L 선수였다. L은 자신만의 독특하고 멋진 기술이 있었으며, 평소에는 능글능글 허허실실 캐릭터지만 경기에만 들어가면 현란한 기술로 상대를 모래판에 눕히곤 했다. 덕후가 좋아 죽는 반전 매력의 소유자였다. L은 결국 프로그램에서 우승해, 1대 태극 장사 타이틀을 거머쥐었다. 코로나19 확산으로 큰 경기장에서 관객 없이 경기해야 했던 게 두고두고 아쉽긴 했지만, 〈씨름의 희열〉 덕분에 씨름 팬이 전보다는 많아졌다고 들었다. 선수들도 더 이상 빈 관중석 앞에서 경기하지 않고, 관중들 앞에서 힘을 받아 경기하고 있는 걸로 들었고. 지금은 주요 경기(추석, 설날, 단오, 천하장사) 때만 중계방송을 찾아보는 편이다. 물론 L이 나오면 응원하며 본다.

책을 이렇게까지 좋아한다고?

내 10대와 20대는 해리 포터와 함께했다고 해도 과언이 아니다. 내 또래들 대부분이 그랬을 것 같긴 하다. 해리 포터 시리즈와 함께 자라났고, 다 자라고 나서는 해리 포터 영화를 매년 기다리며 살았다. 특히 해리 포터 책에 대한 어린 나의 열정은 거의 광기에 가까웠다(고 회상해 본다). 1권 《해리 포터와 마법사의 돌》부터 3권 《해리 포터와 아즈카반의 죄수》까지는 너무 여러 번 읽어서, 거의 모든 내용을 외웠었다.

마니아가 많았던 책답게 해리 포터 퀴즈 북도 있었는데, 매우 어려운 질문에도 척척 답을 할 만큼 전문가였다. 4~5권이 나올 때쯤 중고등학생이었던 나는 이제 원서가 번역되어 나오는 기간을 기다리지 못하는 덕후가 되어 있었다. 원서를 사서 영어사전을 끼고 번역해 가며 읽었다. 세상에, 지금은 상상도 하지 못할 열정이다. 영어 원서를 읽다니! 하지만 그 시절의 나(영어 지문을 매일 독해했던)에게 영어는 아무것도 아니었다.

해리 포터에 대한 뜨거운 사랑은 나이가 들고 시리즈가 완결되며 조금 사그라들었다. 하지만 나는 여전히 해리 포터 전체 시리즈 책을 집에 고이 모시고 있으며, 해리 포터 관련 굿즈가 나오면 두근두근하며 구매를 고민하는 덕후이다.

˅ 힘들 때 주먹 쥐고 일어나게 한 덕질

내가 일본 애니메이션을 제일 열심히 본 시기는 중고등학교 때였다. 세상에서 내가 제일 힘들고 만사가 억울하게 느껴지던 중2병의 시기, 일명 소년만화는 나를 위로해 주는 좋은 친구였다. 물론 청소년이 보기에 다소 폭력적인 장면들이 나오기도 했지만, 여하간 소년만화의 주제는 늘 올발랐다. 시련에도 굴하지 않고 앞으로 나아가는 주인공의 태도, 그 무엇보다 소중한 친구와의 우정 같은 것들. 비록 소재는 한국인인 내가 보기에 생소한 닌자, 사무라이 같은 것들이었지만 주인공들이 말하는 삶의 태도는 한결같이 멋졌다.

고등학생 때 쉬는 시간이면 일본 애니메이션을 같이 봤던 친구와 애니메이션 오프닝 곡을 듣고 따라 부르곤 했다. 애니메이션 주제가들은 지금 들어도 참 좋다. 추상적이고 예쁜 단어들의 나열, 우정과 포기하지 않는 도전 정신의 중요성을 강조하는 가사들, 파괴적이면서도 희망적인 멜로디. 학창 시절 일본 애니메이션을 좋아했던 마음의 절반 정도는 노래가 차지하고 있었던 것 같기도 하다. 지금도 특정 노래를 들으면 교복을 입고 교실에서 노래를 따라 부르던 기억이 자동 재생된다.

나는 스스로 오타쿠라고 말할 수 있을 만큼 일본 애니메이션을 많이 본 사람은 아니다(머글도 본다는 〈원피스〉조차 보지 않았다). 다만 내가 봤던 몇 개 안 되는 애니메이션을 마르고 닳도록 팠다. 대학생 때 보고 흠뻑 빠졌던 애니메이션 G의 경우 한국 컴퓨터에서는 재생도 못 하는 일본판 DVD를 살 정도로 좋아했었다. 일본 여행을 가서는 오타쿠의 성지 도쿄 이케부쿠로에서 애니메이션 관련 굿즈를 종류별로 사 모으기도 했다. 하지만 다 한때이리라 생각했다. 좋아했던 콘텐츠는 많았으나 그것들을 다 덕질했던 건 아니니까.

그런데 지금도 가끔 생각이 나는 장면이 있다. 다른 닌자와는 달리 타고난 재능이 없어도 몸을 불사르며 노력하는 닌자 청년의 모습이나, 신념의 차이로 인해 어린 시절

친구였던 사람에게 칼을 겨눠야 하는 사무라이의 고뇌 같은 것들이 말이다. 내일 과제로 뭘 써야 할지 고민하는 대학생인 나, 또는 출근 생각에 괴로워하는 직장인인 나에게 의외로 그런 모습들이 힘을 줄 때가 있었다. 말도 안 되게 비현실적이고 이상적이면서도 손에 닿을 것만 같은 이야기들이. 그래서 몇몇 작품은 내게 한때 봤던 것들이 아닌, 주기적으로 힘이 필요할 때마다 다시 찾아보는 콘텐츠가 되었다.

목소리에도 취향이 존재하다니

일본 애니메이션에 빠져 있었을 때, 그중에서 제일 열심히 봤던 애니는 〈나루토〉와 〈최유기〉였다. 〈나루토〉는 워낙 주변에서 많이 보니까 따라 본 경향이 있었고, 〈최유기〉는 순전히 모 캐릭터의 목소리를 들으려고 봤다. 항상 웃고 있지만 알고 보면 슬픔을 간직하고 있는 (전형적인) 캐릭터의 일본 성우였던 I는 내게 목소리에도 취향이라는 게 존재한다는 것을 알려 주었다. 하이톤의 미성이 내 취향이었던 것이다! 어찌나 목소리가 좋던지, 그 어린 나이에도 힘들게 성우 이름을 찾아냈고 그의 이름으로 이것저 것 검색해 보았던 기억이 난다.

알고 보니 I는 일본 업계에서도 레전드로 불리는 인기 성우였다. 그 이후에도 I가 나오는 애니메이션 몇 개를 더 보면서 덕질했지만, 역시 내가 가장 좋아했던 목소리는 〈최유기〉에서의 목소리였다. 지금도 가끔 영상을 찾아서 듣곤 한다(애니메이션이지만 성우의 목소리를 듣기 위해 보는 것이므로 듣는 것이 맞다). 성우 덕질의 세계도 꽤 어마어마 한 것으로 알고 있는데, 사실 나는 본격적인 덕질을 하지는 않았다. 그저 꾸준히 좋아하고 검색해 보고 관련 영상을 찾아보는 정도에 그쳤다.

아, I와 관련해서 에피소드가 하나 있긴 했다. 출시부터 열심히 하고 있는 게임, '쿠키런 킹덤'에 대한 이야기다. 쿠키런 킹덤이 일본에서도 서비스를 시작한다는 이야기를 들은 날부터, I 성우가 목소리를 맡는 캐릭터가 생기기를 간절히 기도했다. 너무 인기 성우라 참여하지 않을 것 같다고 걱정하고 있었는데, 대규모 업데이트 때 꽤 주요 인물로 I가 참여했다. 그 소식을 듣고 어찌나 설레던지, 업데이트 날 퇴근하자마자 게임 언어를 일본어로 바꾸고 미친 듯이 플레이해서 해당 캐릭터 쿠키를 획득했다. 모든 스토리를 일본어로 주파한 것은 당연한 일. 덕질(성우)과 취미(게임)가 만나는 순간은 늘 이렇게 짜릿하다.

덕질이
시작되는 순간

**입덕은 보통
이렇게 진행됩니다**

˅ 1. 평범한 시작

하릴없이 집에 누워서 유튜브 타임라인을 새로 고침한다. 알고리즘의 영향으로 내 타임라인에 들어온 어떤 영상의 썸네일을 본다. 아, 이 노래 저번에 다른 가수가 커버한 것도 봤었는데. 원곡자는 이렇게 생겼군? 궁금한데 한번 볼까? 영상을 클릭한다. 노래가 좋다고 생각한다. 가창력도 뛰어난 것 같다. 한 번 더 재생했다가 이내 다른 영상으로 넘어간다. 그렇게 기억 속에서 그 사람을 지운다.

2. 좀 이상함을 깨달음

이후로도 자꾸만 생각나서 저번에 봤던 그 영상을 검색해서 본다. 스크롤을 내려서 댓글도 본다. 팬들의 애정 어린 댓글들을 읽으니 조금 뭉클해진다. 나 같은 사람이 볼 거라 예상이라도 했는지 이 가수가 얼마나 곡절이 많은 삶을 살아왔는지, 그래도 포기하지 않고 계속 노래하는 게 얼마나 대단한지, 다른 노래는 무엇이 좋은지를 설명하는 댓글을 본다. 열심히 살았다는 생각이 든다. 어쩐지 생활을 하면서도 그 영상이 자꾸 생각나서 찾아본다.

3. 어떤 순간을 맞이함

여느 때와 같은 출근길. 편하게 가겠다고 택시를 탔는데, 갑자기 사고라도 났는지 길이 꽉 막혀서 차가 30분째 제자리에서 움직이지를 못한다. 이대로면 무조건 지각이다. 팀장님한테 뭐라고 얘기해야 하지. 지각을 정말 너무나도 싫어하는 사람이라 벌써 스트레스 지수가 치솟는다. 그때 내 귀에서 들려오는 노래. 요즘 계속 돌려보던 그 영상이 재생되고 있다. 노래를 듣는데 갑자기 짜증이 사라지고 노래가 너무 좋다는 생각만이 내 머릿속을 가득 채운다. 지각 예상으로 인한 화가 순간 사라지고 이 노래를 더 듣고 싶기만 하다. 그렇게 택시에서 몇십 분을 더 보내고 결국 지각이 확정되었지만 어쩐지 약간 신난다. 아무래도 새로운 최애를 맞이할 수 있을 것만 같다.

4. 그래도 아직은 아니겠지

결정적인 순간을 경험했지만, 그래도 아직 입덕은 아니라고 애써 부정한다. 흔히들 이를 입덕부정기라고 표현한다. 그냥 노래 한 곡만 좋아하는 평범한 머글로 남을 수 있으리라 생각한다. 그 가수의 다른 노래들을 찾아 듣는다. 어라, 생각보다 내 취향에 맞는 노래를 꽤 많이 발표했다. 이 노래도 좋고 저 노래도 좋은데? 내 취향이랑 겹치네? 무대 영상을 찾아본다. 당연히 예상대로 잘한다. 덕후는 본업을 잘하는 사람에게 마음이 약하다. 특유의 목소리도 내 취향을 저격한다. 출퇴근길 플레이리스트를 그 가수의 노래들로 채우고 무한반복을 시작한다.

5. 인정할 수밖에 없음

이쯤 되면 온종일 그 가수의 노래만 듣고 있는 상태가 된다. 그렇지만 단순히 노래만 즐겨 듣는 머글로 남을 수 있을지도 모른다고 희망 회로를 돌린다. 유튜브에서 계속 그 가수의 이름을 검색하다 팬들이 편집한 콘텐츠들을 보기 시작한다. 주로 그 가수가 무대 뒤의 평범한 일상에서 귀엽고 사랑스럽게 행동하는 모습을 편집해서 올린 영상들이 많다. 무대에서는 카리스마 있는 편인데 일상에서는 약간 헐렁한 성격인 것 같다. 제법 귀엽기도 하고? 아차, 여기까지 생각했을 때에서야 나는 인정하게 된다. 귀여워 보이면 끝이야. 귀여우면 입덕한 거야.

뭐 그렇게 또 새로운 최애가 생겨났다는 이야기다. 원래 막 좋아하기 시작할 때가 제일 재미있는 법! 나는 글을 다 썼으니 또 최애 영상 재생하러 가야겠다.

3장

덕질 비하인드 스토리

꺾이지 않는
마음으로

**그럼에도
계속해 나간다는 것**

스타크래프트가 국민게임이었던 시절, 나는 게임을 잘할 줄 모르면서도 프로게이머의 팬이었다. 그때 내가 팬이 되기로 선택했던 선수는 당시 이미 '올드 게이머(지금 생각해 보면 호칭이 참 재밌다)'라 불리는, 소위 전성기가 살짝 지나간 게이머였다. 올드 게이머는 엄청난 전성기를 보냈기에 유명하지만, 지금은 전성기 시절의 실력이 아니기에 밈과 조롱의 대상이 되는 경우가 많았다. 특히 내 최애는 결승전에는 자주 올라갔으나 우승 경험이 한 번도 없어, 그를 향한 조롱과 놀림이 유독 더 심했다. 슬럼프를 겪는 것도 팬으로서 같이 겪었다. 연패가 이어지고, 선수의 표정에서 자신감이 사라지고, 그런 과정을 팬인 나도 함께 겪어야 했다.

몇 번이나 생각했다. 나는 왜 업계에서 제일 잘나가거나 우승을 몇 번이나 하거나 지금 막 떠오르고 있는 선수를 좋아하지 않고 과거에 영광을 묻어 둔 '올드 게이머'를 좋아해서 마음고생할까? 지금이라도 좋아하는 게이머를 바꿔 볼까? 하지만 사람 마음이라는 건 그리 단순하지 못해서 나는 끝내 그 게이머를 은퇴할 때까지 응원했다. 물론 그사이에 환희와 같은 승리의 순간도, 돌아보고 싶지 않은 패배의 아픔도 수없이 경험했다. 그 모든 과정을 거친 나는 다시는 프로게이머를 좋아하지 않겠다고 마음먹었다. 한 경기 한 경기를 겪어낼 때마다 선수뿐만 아니라 팬이 견뎌내야 하는 감정적 고통이 너무 컸기 때문이다.

그리고 수년이 흘러, 또 어떤 선수에게 빠져들고 말았다. 그 선수 또한 경력이 꽤 긴 편인, 이미 전성기라 불렸던 시기는 지나간 후였다. 관심이 가서 그 선수의 경기를 챙겨 보면서도 내 안의 내가 계속 소리쳤다. '너 똑같은 과정을 겪게 될 거야, 이미 전성기가 지난 선수를 응원하면 어떤 걸 겪는지 다 해 봤잖아, 왜 또 그 과정을 겪으려는 거야?' 하지만 역시나 이번에도 사람 마음이라는 게 생각처럼 되지 않아서, 나는 또 그 선수를 응원하게 되었다. 내가 응원하게 된 선수는 그 이후에도 꾸준히 좋은 실력을 보였지만, 계속해서 주변으로부터 "그래도 예전만 못하다, 앞으로 우승은 못할 것이다"라는 말을 들었다. 그러다 2022년 가을, 마법처럼 그가 롤드컵의 우승컵을 들어 올렸다.

그해 롤드컵에서 제일 화제가 된 문구는 역시나 '꺾이지 않는 마음'일 것이다. 이제는 너무 많이 쓰여서 일종의 관용구처럼 되어 버린 듯한데, 이 문구는 내가 응원하는 선수가 직접 한 말은 아니었고 승리 후 가졌던 인터뷰를 정리한 기자가 처음 쓴 말이었으나 우승 후 선수가 다시 언급하며 최고의 화제성을 기록했다. 나는 이 문구를 보고 내가 그간 왜 계속 소위 '올드 게이머'를 응원해 왔는지를 깨달았다. 이미 최고점을 지나 이제는 내려올 일밖에 남지 않은 분위기에 굴하지 않고, 계속 노력하고 치열하게 싸우는 그 모습이 아름다웠던 것이다.

내가 응원했던 선수가 해당 시즌에 들었던 말들은 잔인했다. 플레이 중 조금만 실수하거나 한 번이라도 잘못된 판단을 하면 은퇴하라는 소리가 여기저기에서 튀어나왔다. 가장 슬펐던 것은 나조차 그 시즌에는 좋은 성적을 기대하지 않고 그냥 최선을 다하는 모습을 응원하자고 마음먹었다는 것이다. 응원하는 사람조차 포기했는데(모든 팬이 그런 건 아니다), 선수는 승리에 대한 마음을 꺾지 않았다. 매 순간 진심으로 경기에 임했다. 롤드컵 우승팀 원딜[1]은 나이가 몇 살 이하라는 징크스가 있다더라, 같은 얘기가 들려오고 모두가 솔직히 이번에 우승은 힘들다고 생각할 때도 그는 포기하지 않았다. 그리고 그 결과 마치 소년만화의 주인공처럼 그 누구보다 멋지게 모든 징크스를 깨고 우승이라는 성과를 이루었다.

---

[1] LOL은 다섯 명이 한 팀이 되어 상대 팀과 맞붙는 형태의 게임인데, 이때 다섯 명은 각기 다른 포지션을 가지고 임무를 수행한다. '원딜'은 그 포지션 중 하나인 '원거리 딜러'의 줄임말이다.

그의 우승에 소리를 지를 정도로 기뻤지만, 한편으로는 반성의 마음이 들어 스스로 돌아봤다. 나는 내 삶에서 얼마나 꺾이지 않고 살아가고 있는가? 이 정도 나이를 먹었으니 어느 정도는 타협해야 한다고 지레 겁먹고 뒷걸음질 치지는 않았는가? 그렇다. 중요한 것은 꺾이지 않는 마음. 현실이 녹록지 않아도 이제는 다 늦은 것 같다는 생각이 들어도 계속 글을 쓰고 나를 표현하는 것을 포기하지 않는 것. 나보다 한참 어리지만 누구보다도 어른스러운 그의 우승을 바라보며 다시 한번 결심했다. 그래, 역시 글을 쓰자. 누가 알겠는가? 나도 꺾이지 않고 계속해 나가면, 어느 날인가 마법처럼 달콤한 열매를 맛보게 될지.

망한 아이돌을
좋아하면서 얻은 것

**능력주의의
함정에서 벗어나기**

아주 어렸을 때부터 나는 늘 누군가를 열정적으로 좋아하는 사람이었다. 특히 유명한 사람들을 좋아했다. 대중적인 취향을 가지고 있었기에 단 한 번도 무명인 사람을 덕질한 적이 없었다. 어렸을 때 좋아했던 아이돌은 전 국민이 다 아는 그룹이었고, 열심히 경기를 챙겨 봤던 프로게이머도 스타크래프트에서 인기로 다섯 손가락 안에 꼽히는 선수였다.

내 최애들은 이미 업계 모두의 인정을 받았고, 내가 그들을 왜 좋아하는지 굳이 설명하지 않아도 되는 경지에 올라 있었다. 커뮤니티에 찍덕들이 찍은 멋진 사진들이 넘쳤고, 내가 굳이 뭔가를 하지 않아도 수많은 팬이 그를 응원하고 있었기에 나는 그저 조용히 응원하고 방송을 챙겨 보는 것만으로 충분했다.

그러니 내가 사람들이 말하는 소위 망한 아이돌(망돌), 즉 유명하지 않은 아이돌을 좋아하게 된 것은 마치 사고와도 같은 일이었다. 어쩌다 내가 그 아이돌을 좋아하게 되었는지 그 과정은 도저히 말할 수 없기에 생략한다. 여하튼 나는 100명에게 물어보면 99명은 누군지 모르는 아이돌을 좋아하게 되었고, 그로 인해 그간의 수십 년의 덕질에서 겪어 본 적 없던 일을 겪고 느껴 본 적 없는 걸 느끼게 되었다.

제일 결정적인 건, 팬의 수가 적어도 너무 적다는 것이었다. 적극적으로 팬 활동을 하는 사람은 손에 꼽을 정도였다. 그러니 찍덕도 거의 없었고, 스케줄이 있어도 그 스케줄에 따라가는 팬이 없을까 봐 걱정하기도 했다. 스케줄이 하나라도 있으면 각도별 보정별 사진이 우르르 떠서 그걸 보면서 행복해 하기만 하면 되는 이전까지의 덕질과는 차원이 달랐다. 움짤을 만드는 사람이 없어서 마음에 드는 장면의 움짤을 직접 만들어 소장해야 했다.

또한 최애를 먼발치에서 스타로만 보고 싶어 하는 내 성향과 달리 팬미팅 공간이 너무 좁아서 최애와 아이컨택은 기본, 때로는 전체 팬들과 인사를 나누는 시간을 주는 바람에 아이돌과 대화를 나눠야 하기도 했다(이런 거 안 좋아한다). 아이돌과도 다른 팬들과도 지나치게 가까워질 수밖에 없는 상황이 피곤했다.

그래도 행복했다. 최애가 사운드클라우드[2]에 직접 작곡한 노래를 업로드해 줄 때마다 새벽에 반복 재생해 들으며 신났고, 팬카페에 올라온 팬들을 위해 쓴 글을 읽으며 위로받았다. 최애의 자작곡을 팬미팅에서 처음 들었을 때는 심장이 찌릿할 정도로 행복했다. 다른 사람들은 모르지만, 나에게는 지상 최고의 아이돌이고 연예인이었다. 누구보다 노래도 잘하고 작곡도 잘하고 예능도 잘하는 슈퍼스타였다.

---

[2] 음원을 올릴 수 있는 스트리밍 플랫폼으로, 가수나 작곡가가 정식 음원 발매되지 않은 곡을 팬들을 위해 올리는 창구로 많이 쓰인다.

애정을 가지고 찬찬히 들여다보았을 때 내가 좋아하는 아이돌은 정말 어디 하나 부족한 데 없는 사람이었다. 좋지 않은 소속사에 있어서 이상한 스케줄이 잡혀도 늘 성실히 수행하고, 팬들에게 속상한 사건이 생긴 날에는 먼저 팬카페에 찾아와 다정한 글을 남기고(심지어 글도 잘 썼다), 누가 시키지도 않았는데 매일 연습실에서 늦게까지 연습하고, 작곡도 작사도 꾸준히 해서 팬들에게 들려주었다.

내가 대부분이 모르는 망돌을 좋아하면서 깨달은 게 있다. 신기하게도 망돌에게는 쉽게 막말하는 사람들이 많다는 것이다. 내가 아이돌을 한창 좋아했을 때 〈프로듀스 101〉과 같이 순위를 매기는 서바이벌 프로그램이 유행했었던 것도 영향을 미쳤을 것이다. 사람들은 "망한 아이돌은 그간 열심히 살지 않아서 망한 거다, 성공하려면 더 열심히 해야 한다"라는 말을 쉽게 했다. 성공하지 못한 것엔 다 이유가 있다며 그들을 제대로 알지도 못하면서 외모, 노래, 춤 실력을 깎아내렸다. 하지만 누구보다 최애의 노력을 지켜보았던 나는 알고 있었다. 1군이라고 불리는 성공한 아이돌들과 비교해서 내가 좋아한 아이돌이 열심히 하지 않은 것은 없었다. 팬들에게 불성실한(소위 팬서비스를 안 하는) 것도 아니었고, 본업(노래, 춤)을 게을리한 것도 아니었다. 그냥 인기 없는 걸 받아들일 수 있어도, 인기 없는 데에는 이유가 있다며 능력을 지적하는 것은 받아들일 수 없어 나는 늘 불같이 화가 나 있는 팬이 되었다.

 늘 세상에 향해 화를 분출하던 내 덕질은 좋아했던 아이돌이 소속사와의 계약 만료로 활동을 중단하면서 끝났다. 그렇게 내 최애는 끝내 '성공'하지 못하고 아이돌 생활을 마감했다. 하지만 나는 짧다면 짧고 길다면 긴, 내 생애 처음이자 아마도 마지막일 망한 아이돌 덕질을 하면서 한 가지를 깨달았다. 사람이 대외적으로 성공하고 실패하는 건 그 사람의 능력이 좌우하는 게 아니라는 것. 우리는 일상을 살면서 성공한 사람을 동경하고, 실패한 사람은 무의식적으로 무시하곤 한다. 성공엔 다 이유가 있으며, 마찬가지로 실패에도 사유가 있다고 여긴다. 하지만 사실 성공이든 실패든, 그 사람의 능력뿐 아니라 수많은 우연과 다른 환경적 요인에 의해 갈리는 것이다.
 당연한 진리여도 내 삶에 대입하는 게 영 쉽지 않았다.

성공한 사람의 삶의 방식은 그게 옳든 그르든 따라 해야 할 것 같은 압박을 받았으며, 실패한 사람에게서 나와 비슷한 점을 찾으면 나도 실패한 사람인 것 같아 괴롭기도 했다. 그렇지만 이제 나는 안다. 내가 좋아했던 아이돌이 대중적으로는 실패했을지라도 누구보다 열심히 살았고 실력 있는 아이돌이라는 걸 팬인 나는 알았던 것처럼, 누구나 실패했든 성공했든 모두 각자의 자리에서 자신의 삶을 열심히 살아왔고, 꽤 훌륭한 사람이라는 것을. 덕분에 나는 이제 다른 사람을 절대 결과물로만 평가하지 않는 사람이 되었다. 그 어떤 유명 아이돌을 좋아해도 얻을 수 없었던 귀한 결론이었다.

좋아하는 것조차
영원하지는 않아

**당장 절실하게
좋아해야 하는 이유**

어렸을 때 나는 《해리 포터》 덕후였다고 밝힌 바 있다. 첫 시리즈였던 '마법사의 돌'은 읽고 또 읽어서 문장을 외울 정도였다고. 얼마나 달달 외웠냐면 1권에서 엑스트라로 단 한 장면 등장해서 해리에게 악수하며 "난 ○○이라네"라고 말했던 인물이 나중에 한 5권쯤 다시 등장했을 때 알아볼 정도였다. 《해리 포터》 시리즈는 물론이고 관련 책들(《신비한 동물 사전》, 《퀴디치의 역사》 등)도 다 사 모았고 그 안에 나오는 내용도 공부하듯이 읽었다. 그 정도로 나는 해리 포터를 사랑했다.

그런 나에게 유니버설 스튜디오에 생긴 해리 포터 존은 꿈과 희망의 나라 같은 존재였다. 호그와트를 볼 수 있다니! 버터맥주를 마실 수 있다니! 지팡이를 살 수 있다니! 공사가 한창일 때부터 진행 상황을 늘 확인했고, 오픈한 후에는 다녀온 블로거들의 글을 탐독하며 나도 조만간 가서 굿즈를 싹 쓸어 오리라 다짐했다. 가까이에 있으니 언제든 갈 수 있을 것 같았다. 아, 마음만 먹으면, 당장 이번 주말에라도 갈 수 있다고! 그런 마음으로 몇 년이 흘렀다.

결국 나는 오사카 유니버설 스튜디오에 해리 포터 존이 생기고 나서 10년이 다 되도록 가지 못했다. 런던에 있는 해리 포터 스튜디오에도 가지 못했다. 기회가 없었던 건 아니다. 유럽 여행 갈 때 무리해서라도 런던을 일정에 넣을 수도 있었고, 몇 년에 한 번씩 해외여행으로 여름휴가 일정을 잡을 때 다른 나라, 다른 도시가 아닌 오사카를 목적지로 잡을 수도 있었다. 하지만 왠지 늘 다른 선택지에 밀렸다. 파리에 더 가고 싶으니까, 미국은 너무 머니까, 후쿠오카가 더 가까우니까. 그렇게 유니버설 스튜디오는 늘 아슬아슬하게 목적지에서 벗어났다.

그러는 사이 해리 포터의 인기는 점차 사그라들었다. 물론 해리 포터 관련 콘텐츠와 굿즈는 여전히 끊임없이 생산되고 있지만, 아무래도 예전 같은 폭발력은 갖지 못했다. 원작 소설과 영화가 완결되고 꽤 시간이 지났기 때문이다. 나도 더 이상 해리 포터 관련 소식을 찾아보지 않게 되었다. 세상엔 늘 새롭고 재밌는 것들이 생겨나 그것들을 좋아하며 살기에 바빴기도 했고, 일하느라 학생 때처럼 열정적으로 해리 포터를 좋아할 수 없기도 했다. 결정적으로 학생 때 재미있게 볼 때는 몰랐던 여러 가지 요소들이 나이 들어 다시 볼 때 보이기 시작하면서 나는 예전만큼 해리 포터를 사랑한다고 자신할 수는 없게 되었다.

 열렬히 해리 포터를 사랑하지 않게 된 이후, 내가 가장 후회했던 것은 그렇게 사랑했을 때 유니버설 스튜디오에 가지 않았던 것이다. 여행 계획을 짜면서 유니버설을 뒤로 미룰 때의 나는 내가 평생 죽을 때까지 해리 포터를 영원히 똑같이 사랑할 줄 알았다. 그러니 이번이 아닌 다음에 가도 될 것이라고, 나중에 가도 호그와트와 버터맥주를 즐길 수 있으리라 생각했다. 하지만 예전만큼 열정적으로 해리 포터를 좋아하지 않게 된 이후에는, 유니버설 스튜디오에 가도 그 시절의 나처럼 방방 뛰면서 설레는 마음으로 굿즈를 쓸어 담지는 못할 것이었다.

 이런 사고 과정을 거치면서 나는, 좋아하는 마음이 있는 동안 최선을 다해 있는 힘껏 좋아해야 한다는 것을 깨달았다. 좋아하는 것조차 영원하지 않다. 오늘 너무나도 사랑하던 책이, 영화가, 노래가 내일은 갑자기 그저 평범하게 느껴질 수도 있다. 그러니 그때의 좋아하는 감정을 최대한 즐기고 그 안에서 또 다른 무언가를 불러일으키려면, 힘껏 좋아하고 즐겨야 한다. 책을 사고, 감상문을 쓰고, 관련된 콘텐츠를 찾아보고. 모두 좋아함의 에너지가 최고치에 달해 있을 때 더 즐겁게 할 수 있다.

 코로나19의 위험이 지나간 후인 2024년 1월, 나는 결국 오사카 여행을 가게 되었고 오사카 유니버설 스튜디오에 있는 해리 포터 존을 방문하게 된다. 해리 포터 OST가 들려오고 호그스미드 마을의 모습이 보일 때부터 가슴이 얼마나 뛰었는지 모른다. 혹시나 나중에 아쉬움이 털끝만큼이라도 남지 않도록 지팡이부터 시작해서 각종 과자, 인형, 장식품까지 굿즈도 엄청나게 사 왔다. 너무나 즐겁고 행복한 경험이었지만, 내가 해리 포터를 좀 더 사랑했을 때 갔다면 더욱 행복하고 즐거운 경험이 되었을 것이라는 생각에는 변함이 없다. 역시 좋아할 수 있을 때 마음껏 좋아하는 것이 좋다.

비행기 격납고에서
울어 보셨는지요?

놀랍게도 전
오열해 봤습니다

덕후로 살면 정말 예상치 못했던 일을 거침없이 하게 된다. 나는 정말 조심성이 많고 걱정도 많은 사람이라 일상에서 벗어나는 일을 어지간해서는 하지 않는 편인데, 덕질 관련 일에는 왠지 홀린 듯이 도전한다. 그러다 보니 많은 분야에서 특이한 경험이 있는 편이다.

그중에서도 가장 기억에 남는 것은 비행기 격납고에 들어가 봤던 경험이다. 이 문장만 보면 잉? 무슨 소리야? 싶을 것이다. 비행기 격납고는 항공사나 공항에서 일하는 사람이 아니면 좀처럼 들어가 볼 수 없는 곳인데, 그곳을 덕질 때문에 들어가 봤다고? 그렇다. 나는 덕질하다 비행기 격납고에 들어가 봤고, 심지어 그 안에서 엉엉 울기까지 했다. 때는 2010년, 대학생이었던 나는 스타크래프트 프로게임단 C를 덕질 중이었다. 이들이 이기는 날이면 환호성을 질렀고, 지는 날이면 분통을 터뜨렸다. C에는 귀엽고 실력도 좋은 신인 게이머 세 명이 있었는데, 그중 한 명의 실력이 일취월장하여 무려 스타리그(스타크래프트 개인리그) 결승까지 올라간 게 아닌가! 비록 결승전 상대가 천재로 유명한 선수여서 우승 가능성은 희박했지만, 꼭 직접 응원해 주러 결승전에 가고 싶었다.

스타리그 결승전의 경우 사람들이 많이 와서 보통 장충체육관처럼 수용인원이 꽤 되는 곳이나 코엑스, 킨텍스처럼 큰 회장이 있는 곳에서 주로 진행된다. 하지만 그해 스타리그는 시작부터 보통이 아니었다. 스타리그는 시즌마다 메인 스폰서의 이름을 붙여 부르곤 했는데, 2010년 그해 첫 스타리그의 스폰서로 결정된 회사는 바로 대한항공이었다. 대한항공은 당시 대단히 공격적으로 마케팅 활동을 진행하고 있었는데, 그중 하나가 프로게임을 후원해서 젊은이들의 자사에 대한 긍정적 이미지 정립을 유도하는 것이었다. 스타리그에도 전폭적인 후원을 약속한 대한항공은 결승전 장소를 자사 격납고로 정했다. 그래서 덕분에 일반인은 들어갈 수 없었던 금단의 공간에 들어가게 된다.

 격납고에 들어간 순간, 그 뻥 뚫린 엄청나게 큰 공간에 압도당했던 기억이 난다. 평소에는 들어갈 수 없던 공간에 이렇게 수많은 사람이 들어와 있다는 것 자체가 이상하고 신기했다. 격납고 문이 열리고 비행기가 등장하는 웅장한 장면을 시작으로 스타리그 결승전은 순조롭게 진행되었고, 내가 응원했던 선수는 무려 0대2에서 3대2로 역전에 성공하며 우승컵을 거머쥐었다. 기적적으로 역전해서 우승하는 그 모습을 바라보며 정말 울지 않을 수가 없었다. 같이 갔던 언니와 함께 엉엉 울면서 사람들이 다 퇴장할 때까지 우승한 선수와 동료들이 좋아하는 모습을 스마트폰으로 찍었던 기억이 난다. 정말 행복했던 날이었다. 비록 돌아올 때 탔던 택시 요금이 엄청났지만.

이런 특이한 경험들이 인생에 무슨 쓸모가 있냐는 사람도 많을 것이다. 물론 대부분 직접적인 도움을 주지는 않는다. 하지만 도움이 될 때도 간혹 있는데, 이 격납고에 들어가 본 경험이 그런 케이스였다. 격납고에서의 스타리그 결승전으로부터 몇 년 뒤, 취준생의 신분으로 여러 기업에 입사 지원하고 있을 때였다. 당시 여러 사기업의 마케팅 부서에 지원하고 있었던 터라 대한항공에도 지원서를 넣게 되었는데, 쓸 말이 어지간히 없었는지 '대한항공에서 진행한 마케팅 활동 중 가장 인상깊었던 마케팅'이라는 질문에 대한 답으로 격납고에서 치러진 스타리그 결승전에 갔다는 이야기를 썼다.

간신히 서류에 합격해 덜덜 떨면서 면접장에 들어갔는데, 무시무시한 분위기를 풍기던 면접관들이 면접 시간 중 유일하게 웃었을 때가 내 자기소개서에서 그 부분을 읽을 때였다. "아니, 그때 그럼 그 격납고에 실제로 들어가 봤어요?" 하며 면접관들끼리 허허 웃으며 눈빛을 주고받았던 것이 기억난다. 잔뜩 얼어 있던 나는 그 덕분에 긴장이 풀려 나머지 질문에 편하게 답할 수 있었다(물론 그

면접은 떨어졌다).

 어릴 때는 도움이 안 되는 경험이라면 안 하는 게 낫다고 생각했지만, 30대가 되어 보니 세상에 정말 티끌만큼도 도움이 안 되는 경험은 거의 없더라. 격납고에서 운 것도 경험이 되어 몇 년 뒤 면접장에서 이야깃거리라도 되지 않는가? 또 이렇게 책에서 에피소드 하나로 써먹을 수 있지 아니한가. 역시 덕질은 할수록 이득이다.

최애가 버추얼 아이돌이
된 건에 대하여

**최애를 최애라
부르지 못하는 슬픔**

최애의 (오피셜한) 일거수일투족을 다 알고 있다고 생각했던 나날이었다. 대외적으로 성공했다고 (아직) 말할 수는 없는 내 가수였지만, 나는 그를 정말 사랑했고 그의 실력에 자신이 있었다. 그러던 어느날, 알고 지냈던 덕후가 이것 좀 보라며 유튜브 링크를 보내왔다. 한 버추얼 아이돌의 토크 인터넷방송이었다. 목소리를 드는 순간 느꼈다. '어? 내 최애잖아?' 모를 수가 없었다. 목소리뿐만 아니라 제스처나 말투 심지어 표정까지 내 가수와 같았다. 그렇게 나는 알게 되었다. 내 가수가 나 몰래 버추얼 아이돌이 되었다는 것을.

　예전부터 그런 상상을 많이 했다. 내 가수가 〈복면가왕〉에 등장하면 나는 과연 알아볼까? 가수를 최애로 두고 있다면 이런 상상 안 해본 덕후가 별로 없을 것이다. 현실에서는 그런 일이 벌어지기 쉽지 않다. 최애가 〈복면가왕〉에 나오게 되면, 이미 몇 주 전부터 여러 가지 경로를 통해 출연 소식을 알게 된다. 그러니 본방송을 볼 때쯤엔 내 가수만 기다리며 볼 수밖에 없었고, 우연히 내 가수의 등장을 마주치는 일 따위 벌어질 수가 없었다. 그런데 그날 나는 바로 그 경험을 했다. 비록 〈복면가왕〉을 통해서는 아니었고 한 버추얼 아이돌의 인터넷방송이었다는 점이 달랐지만 말이다.

　최애는 당시 작곡가로 활동하며 가끔 솔로로 방송에 나오기도 했으나 그다지 활발히 활동하지는 않았다. 다만 한두 달에 한 번씩 소극장에서 팬들을 앞에 두고 노래를 불렀다. 나는 그 공연에 꼬박꼬박 참석하는 팬 중 한 명이었다. 팬들 앞에서 자신이 작곡한 노래를 부르면서 행복해하던 최애의 얼굴이 생각난다. 같은 노래여도 이렇게 여러분들 앞에서 부르니까 더 애정이 가고 잘 부르게 된다고 말했던 내 가수. 지금에서야 고백하지만, 나는 그 시간이 참 좋았다. 내가 좋아하는 가수가 내 앞에서 자신의 노래를 부르는 것을 볼 수 있는 삶 같은 것 말이다. 그러나 한편으로 이 정도 인기로는 내 가수가 평생 먹고 살 걱정 없이 노래하기 어렵다는 것을 알고 있었기에, ㅇㅇ이가 버추얼 아이돌로서 새로운 도전을 하는 것에 응원하는 마음만 가지고 있었다. 또다시 새로운 도전을 하는 최애가 자랑스러웠고, 진심으로 잘되기를 바랐다.

버추얼 아이돌은 문자 그대로 버추얼로 만들어진 아이돌이다. 그 세계에 대해 나는 잘은 모르지만, 2D 또는 3D로 아이돌의 얼굴과 몸을 구현해 내고 실제 그 안에 들어간 사람의 표정이나 행동을 그대로 따라 하도록 만든다는 것은 안다. 그들에게는 처음부터 주어진 세계관 및 설정이 있다. 예를 들어 열아홉 살에, ㅇㅇ고등학교 2학년 7반에 다니는 설정 등이다. 버추얼 세상 속에서 해당 가수는 오로지 그 설정만을 위해 살아가며, 설정에 반하는 말은 절대 해서는 안 된다. 그래, 여기에서부터 모든 문제가 시작되었다. 내 최애가 버추얼 아이돌로 활동할 때, 가수로서 살아왔던 인생에 대해서는 절대 이야기할 수 없었다. 그건 마치 없는 삶에 가까웠다. 최애가 버추얼 아이돌로서 점점 성공하면서 문제는 더욱 심각해졌는데, 버추얼 아이돌로 최애에게 입덕한 팬들 중 일부는 버추얼 아이돌이 아닌 본체인 가수로서 활동하는 것을 싫어했고(버추얼 아이돌에 집중하기를 원했던 것 같다), 일부는 본체의 활동(한두 달에 한 번씩 진행한 소극장 공연 등)에도 참여하기를 원했다. 어떤 쪽으로든 본체의 활동을 바라보던 팬들은 소외당할 수밖에 없는 일들이 계속되었다.

처음에는 나도 최애가 하는 버추얼 아이돌로서의 라이브 방송을 곧잘 챙겨 봤다. 어쨌든 최애가 하는 것이니까 응원해 줄 수 있다고 생각했다. 하지만 최애와 버추얼 아이돌 ○○은 엄연히 다른 콘셉트를 가진 다른 삶을 사는 사람이었다. 더는 과거에 있었던 일을 말할 수도 없었다. 버추얼 아이돌로서 성공하고 나서 그는 내가 좋아했던 솔로로서의 활동을 완전히 멈췄기에 더 이상 덕질을 할 수

조차 없게 되었다. 나는 그렇게 최애를 버추얼 세계로 떠나보냈다.

알다시피 나는 아주 다양한 이들을 덕질해 왔고, 그만큼 여러 가지 사유로 휴덕해 봤다. 하지만 이렇게 창의적인 휴덕 사유는 없었다. 최애가 버추얼 아이돌이 되어서 내 기준 본업을 안 해서 휴덕하게 되었다니요? 그런데 그게 사실이다. 제일 분한 점은, 어디 가서 이런 일이 있었다고 말도 못 한다는 것이다. 누군가 "요즘 덕질 중이세요?"라고 물으면 "아, 요즘은 쉬고 있어요"라고 대답하곤 했다. 그러면 상대방은 반드시 이유를 물어보기 마련인데, 여기다 대고 "제 최애가 버추얼 아이돌이 되어버려서, 가수로서의 본업 활동은 쉬고 있어요"라고 대답할 수는 없는 노릇이 아닌가! 여하간 하도 답답하여, 여기에라도 털어 놓아 본다. 최애가 버추얼 아이돌이 되었어요.

내 새끼가
제일 잘됐으면 좋겠다

**저 자리에
내 새끼가 들어갔으면**

덕질이 가져올 수 있는 긍정적인 효과를 굳게 믿고 있는 나이지만, 그렇다고 덕질이 무조건 좋은 감정만 가져온다고 생각하지는 않는다. 모든 일이 그렇듯이 명明이 있다면 암暗도 있는 법. 이번엔 그 어두운 면을 이야기해 보고자 한다.

나는 좋아하는 아이돌이나 배우, 게이머를 '내 새끼'라고 부르지 않으려 노력하는 편이다. 처음부터 그랬던 것은 아니다. 처음에는 덕질했던 아이돌을 아무 거리낌 없이 '내 새끼'라고 불렀다. 덕질을 유사 연애 또는 유사 육아로 비유하곤 하는데, 내 경우에는 그중 유사 육아에 가까웠던 것 같다. 내 새끼는 이 세상의 더러운 면은 모르면 좋겠고, 좋은 것만 가지면 좋겠으며, 나쁜 경험은 하나도 하지 않으면 좋겠다고 생각했다. 마치 엄마가 자기 새끼에 대해 생각하듯이, 그렇게 생각했던 것 같다.

그러다 보니 이미 성인인 최애를 진짜 아기처럼 생각할 때가 많았다. 극성 부모처럼 행동하기도 했다. 비슷한 또래나 경력의 아이돌이 어떤 예능에 나오면, '아 저런 예능 내 새끼도 잘할 수 있는데. 왜 내 새끼는 출연 안 시켜 주는 거야?' 같은 생각을 하며 쓸데없이 화를 냈다. 주요 프로그램에 나온 최애의 분량이 적으면 두 가지로 반응했다. 첫 번째로는 최애의 분량을 다 편집한 제작진에게 화를 냈고, 두 번째로는 중요한 기회를 잡고도 잘 해내지 못한 최애에게 실망감을 드러냈다. 거의 뭐 〈SKY 캐슬〉에 나오는 부모가 따로 없었다.

그런 어두운 감정들을 고루 겪은 후, '내 새끼'가 장착된 덕질은 너무나 고통스럽다는 것을 뒤늦게 깨달았다. 최애의 성과는 내가 만들 수 있는 것이 아니고, 최애는 열심히 자신의 인생을 살아가는 것이니 내가 뭐라고 할 수 없는 것이며, 그렇다면 덕후가 할 수 있는 일은 그저 응원해 주는 것일 뿐이었다. 그 이후로 나는 절대 내가 응원하는 가수든 배우든 게이머든 '내 새끼'라고 부르지 않는다. 그래서 문제점들을 극복했냐고 묻는다면 전혀 아니지만. 노력해 봤지만 쉽지 않았다. 여전히 나는 내가 좋아하는 배우와 비슷한 또래의 배우가 좋은 배역을 따낸 것을 보면 질투한다. 왜 내가 좋아하는 배우가 더 유명해지고 좋은 배역을 갖지 못하는지 이 세상을 이해할 수가 없다.

어째서 이렇게까지 어두운 마음을 갖게 된 것일지 곰곰이 생각해 보았다. 어쩌면 나는 스스로에게 들이대는 엄격한 잣대를 최애에게 들이댄 것일지도 모르겠다. '너 왜 더 잘 해내지 못해!', '너 왜 이렇게밖에 못하니!'의 정서를 최애에게 적용했던 게 아닐까? 이런 문제는 내가 덕질하는 아이돌 또는 배우 또는 게이머가 대외적으로 성공하지 못했을 때 극대화된다. 좀더 열심히 해야지, 좀 더 애써야 하지 않겠니? 왜 안 되는 거지? 내 새끼가 아직 능력이 부족한가? 등등. 세상의 모든 성과가 능력이나 노력과 비례해서 나오는 것이 아님을 알면서도, 나도 모르게 혹독한 기준을 최애에게 들이댄다. 요즘에는 그러지 않으려 노력 중이다. 최애를 향한 엄격한 기준이 결국 나 스스로에게 향하는 기준임을 깨달았기 때문이다. 늘 스스로에게 제일 까다로운 나. 덕질할 때만큼은 모든 것을 다 안아주는 부모처럼 너그럽게 다가가 보려 한다.

덕질에
끝은 없어

불같은 열정은 없어졌어도,
네가 잘되길 응원해

 살면서 참 많은 사람을(열 명 이상) 덕질해 왔다. 그들을 지금까지 똑같이 좋아하고 있냐 하면 그건 당연히 아니다. 모종의 이유로 인해 탈덕한 사람도 있고, 활동이 뜸해짐과 동시에 내 마음도 뜸해져 그냥저냥 휴덕해 버린 경우도 있다. 하지만 확실히 말할 수 있는 건, 어지간해서는 내 덕질에 끝은 없다는 것이다.

 하나의 덕질이 최전성기(매일매일 그의 소식을 검색하고 팬 활동을 하는)를 거쳐 탈덕이든 휴덕이든 시들해지는 시기로 들어가는 이유는 가지각색이다. 내 경우, 보통은 최애의 활동 방향이 내 취향과 맞지 않아 마음이 식는 것이 일반적이었다. 배우가 내 취향이 아닌 작품에 연달아 출연해서 못 보겠다든지, 가수가 나로선 듣기 힘든 노래를 계속 낸다든지, 스포츠 선수가 계속 안 좋은 성적만 기록한다든지. 이런 일반적인 경우가 아닌 특수한 상황은 예를 들어 이런 게 있다. 좋아하던 연예인이 범죄를 저지른다든지, 치명적인 말실수를 한다든지. 당연하지만 나도 이런 일로 인한 탈덕(탈덕보다는 강제로 덕질에서 쫓겨남에 가깝다고 생각한다)을 경험해 봤다.

재미있는 것은, 탈덕 혹은 휴덕이 구 최애에 대한 애정을 완전히 꺼뜨리지 않는다는 점이다. 비록 어떤 이유로 인해 또는 이유 없이 최애를 향한 열렬한 사랑은 식었더라도, 힘든 일상을 이겨낼 수 있게 해준 사람이라 그런지 구 최애를 향해 저주를 쏟지는 않는다. 심지어 9시 뉴스로 마무리된 사람일지라도 말이다. 약간의 애증을 담아 제발 정신 똑바로 차리고 잘 살길 바랄 뿐이다. 결국 한번 내 덕질 망태기 안에 들어오면, 나갈 가능성은 사실상 없다고 보면 된다. 그저 좀 느슨해질 뿐, 그들에 대한 내 애정은 계속되는 셈이다.

한창 좋아할 때처럼 미친 듯이 소식을 수집하지는 않지만, 일상생활을 하다 구 최애의 소식을 들으면 반가워한다. 그가 나오는 콘텐츠를 발견하면 챙겨 보기도 하며, 하는 일이 뭐든 잘되기를 응원한다. 제일 기분이 좋았을 때는 어느 시상식에서 내가 당시 좋아하는 아이돌이 예전에 좋아했던 배우에게 상을 받았을 때였다! 구 최애와 현 최애의 만남에 나 혼자 마음이 들떠서 TV 화면을 찍었던 기억이 난다. 그렇다. 최애들은 시간이 지날수록 없어지는 것이 아니라 쌓여만 간다.

구든 현이든 최애가 잘 살기를 바라는 마음이 내 덕질의 기본이다. 나는 이 감정이야말로 덕질의 순기능이라고 생각한다. 나 같은 비관주의 인간은 세상을 살아갈 때 긍정적인 생각 자체를 거의 안 한다. 불안과 우울이 높은 성향상 삶에 대해서도, 다른 사람에 대해서도 부정적으로 생각할 때가 많다. '나는 왜 이 모양인가?' '저 사람은 왜 말을 저렇게밖에 못하는가?' '이 회사는 왜 거지 같은가?' 이런 생각들이 머릿속의 90퍼센트를 차지한다. 그런데 여기에 최애가 들어오면 달라진다. 긍정적인 생각이 머릿속을 채우기 시작한다. '너무 귀여워' '어떻게 저렇게 사랑스럽지?' '내 최애 잘됐으면 좋겠다' '나도 최애처럼 열심히 살아야지' '최애처럼 세상을 조금 더 밝게 봐야지' 등등.

부정적인 생각으로 가득 찼던 머릿속에 예쁘고 고운 말들이 자리 잡으며, 얼굴에는 절로 웃음이 지어진다. 내 일도 아닌 다른 사람의 성취를 순수하게 기뻐하고 축하할 수 있는 여유도 생긴다. 결국 덕질은 내게 긍정적인 기운을 주고, 내가 긍정적인 기운을 발산하게 한다. 좋은 사람을 좋아하기에 나도 좋은 사람이 된다. 앞으로도 내 덕질 대상들이 정말 잘 살았으면 좋겠다. 그게 내 인생에도 힘이 됨을 알기에.

4장

지나가는 덕후의 개똥철학

덕질은 훌륭한
회피 수단

**좋아하는 것에서
일상을 살아갈 에너지 얻기**

   한동안 완전한 무기력에 빠져 있었다. 병원에서 추천해준 검사를 했더니 에너지 지수(같은 것)가 정상범위의 반도 안 될 정도였다. 의사 선생님은 내가 너무 지치고 힘이 없는 상태인 게 당연하다고 하셨다. 어쩐지 그 시기엔 밥을 먹고 잠을 자고 회사에 나가는 기본적인 일조차 버거워 꾸역꾸역 억지로 하는 느낌이었다. 그러니 진취적으로 뭔가 새로운 일에 도전할 수 있을 리 만무했다. 일상을 겨우 버틴다는 느낌으로 살고 있었다.

그런 내가 유일하게 웃음을 찾는 시간이 있었으니, 바로 덕질하는 시간이었다. 우연히 접한 드라마와 그 드라마의 출연 배우들을 덕질하고 있었는데, 그게 그렇게 재밌었다. 새로운 소식이 하나 뜰 때마다 활짝 웃으면서 클릭하는 내 자신이 황당했다. 회사도 겨우겨우 나가고, 집에 가면 쓰러져서 자기 바쁜 내가 덕질이라니. 즐거우면서도 마음 한편으로는 '내가 현실에서 도망쳐 덕질로 회피하고 있는 건 아닐까? 현실에서 쓸 에너지도 없으면서 그 적은 에너지를 덕질에 쓰는 게 맞을까?' 같은 고민을 했다. 퇴근한 이후에는 에너지가 없어 브런치에 글도 쓰지 못하고 유튜브에 영상도 올리지 못하면서 덕질이라니. 일종의 죄책감 같은 것마저 느껴졌다. 매달 받는 심리상담에서 이런 부분을 이야기했더니, 선생님이 아주 명쾌하게 말해 주셨다.

"아니, 힘든데 회피 좀 하면 어때요? 평생 회피하는 것도 아니고. 덕질하면서 힘도 좀 얻고 하는 거지. 이번 달은 쉬는 달로 생각하고 마음껏 회피하세요."

그렇다. 스스로에게 엄격한 잣대를 대며, 완벽을 요구하는 성격이 또 나를 괴롭히고 있었다. 에너지가 없고 힘들 때는 좀 쉬어도 되는데 말이다. 현실에서 한 발짝 떨어져 덕질하면서 즐거운 시간을 좀 보내면 어떤가? 중요한 건 내가 덕질할 때 즐겁고 행복하다는 것이다. 현실에서 지쳐 에너지가 바닥이 된 상태에서 덕질로라도 에너지를 얻는 게 얼마나 다행인가.

그렇게 한동안 나는 덕질로 내 일상에서 도망쳐 열심히 회피했다. 그 회피는 생각보다 꽤 긴 시간 이어졌다. 일상은 계속 지난하고, 회피로 인한 덕질에서 오는 행복은 유한하다는 것을 나는 이미 지난 수많은 경험을 통해 알고 있었다. 그러나 정말 힘들었던 시기를 덕질의 힘으로 버틴 것도 사실이다. 앞으로도 일상이 버거울 때면 그 시기는 술렁술렁 살면서 열심히 덕질이나 할 생각이다. 그러다 보면 일상을 즐길 에너지가 생겨날 수도 있겠지.

팬과 연예인의
관계라는 건

너의 일상을 응원해,
밥잘잠잘!

나는 보통 덕질이 내게 주는 에너지로 살아간다. 내 일상에서 좀처럼 즐거운 일을 찾을 수 없는 나날, 최애가 주는 소식이 유일한 활력소나 다름없다. 이렇듯 덕질을 열심히 하며 살고 있다 보니, 팬과 연예인이라는 관계를 고찰하곤 한다. 팬이 일방적으로 연예인을 짝사랑하는 관계? 아니면 가수나 배우 같은 상품을 팬이라는 소비자가 소비하는 것? 어떻게 말해봐도 긍정적인 관점으로 설명하기가 쉽지 않았다. 그러다 내가 덕질했던 최애들의 비슷한 모습을 떠올리면서 팬과 연예인이 어떤 관계인지 잘 설명할 수 있을 것 같다는 결론을 내렸다. 내가 덕질하며 겪은 일은 다음과 같다.

배우 L은 가끔 늦은 밤에 팬들을 위해 라이브 방송을 켰는데, 하루는 방송을 마무리하면서 이런 말을 해서 나를 울컥하게 만든 적이 있다. "주말 지나고 이제 월요일인데 파이팅 하시고요. 회사 다니는 분들 항상 응원합니다. 여러분도 저 응원하시잖아요. 저도 그래서 응원해요." 방송을 끄기 직전에 이런 말을 한 적도 있었다. "감기 조심하시고요, 밥 잘 먹고, 삼시 세끼."

또 다른 예시로 가수 P와 팬이 소통했던 모습을 들 수 있겠다. 가수가 들어가 있는 팬들과의 소통용 카카오톡 채널이 있었다. 가수는 소소한 자신의 일상을 공유하고, 팬들은 주로 응원의 메시지를 남긴다. 그 공간에서 가수와 팬이 습관처럼 주고받는 말들이 있다. "그럼 오늘도 파이팅 하세요!" "밥잘잠잘!" 등. 그중에서도 나는 "밥 잘 챙겨 먹고 잠 잘 자요"의 줄임말인 '밥잘잠잘'이란 말을 참 좋아한다. 몇 번인가 나도 용기를 내서 "밥잘잠잘이 제일 중요한 거 알죠?"라고 보낸 적도 있었다. 팬들이 그런 이야기를 할 때면 가수는 "그럼요 잘 챙겨 먹고 잘 자야죠"라고 대답하곤 했다.

팬과 연예인은 엄밀히 말하면 서로 알지도 못하는 사이이다. 팬에게 있어서 연예인은 영원히 닿지 않을 존재이기도 하다. 연예인은 일을 하고 팬들의 사랑을 받음으로써 그 의미를 확인한다. 팬은 연예인이 하는 일을 보면서 만족을 느끼고, 그 만족을 응원으로 표현할 뿐이다. 정말 냉정하게 말하자면, 처음에 언급했듯이 연예인이라는 상품을 소비자인 팬이 돈과 시간을 지불하며 소비하는 것이라고도 말할 수 있겠다.

그러나 위의 두 사례에서 확인했듯이, 내가 본 연예인과 팬의 관계는 단순한 생산과 소비라는 구조로 이루어져 있지는 않았다. 마치 가족처럼 삼시 세끼 밥은 잘 챙겨 먹고 있길, 악몽을 꾸지 않고 잘 자길, 행복한 하루를 보낼 수 있길 바라는 사이. 대단한 성취까지는 아니어도 서로의 일상이 평온하길 바라는 사이로 느껴졌다. 일상을 걱정해 주고 응원해 주는 그 말에 팬은 하루를 살아갈 에너지를 얻고, 연예인은 열심히 활동할 수 있는 힘을 얻는다(고 믿고 있다). 그 어떤 취미생활에서도 획득하기 어려운 무언가를 팬과 연예인의 관계에서 얻을 수 있다고도 할 수 있다.

물론 그럼에도 여전히 연예인과 팬은 서로 모르는 먼 관계이다. 누군가는 알지도 못하는 사람끼리 안부를 묻고 일상을 응원하는 것이 무슨 소용이냐고 물을지도 모르겠다. 하지만 나는 하루하루 출근하는 것이 지옥에 가는 것처럼 괴롭게 느껴질 때, 자기 전 최애로부터 "힘들겠지만 내일도 출근 파이팅입니다"라는 말을 듣고 그 말에 의지해 힘껏 출근하곤 했다. 중요한 것은 실제로 내가 그들의 응원에 힘을 받았다는 것이다. 실체가 없더라도, 그 끝이 정해져 있더라도, 어쨌든 팬인 나에게 에너지를 주고 나를 긍정적인 방향으로 이끈다. 그것만으로도 팬과 연예인의 관계는 일견 숭고하게까지 느껴진다.

오늘도 내 하루는 특별할 것 없이 정말 별로였다. 하지만 내 가수가, 내 배우가 "밥 잘 챙겨 먹고 잠도 잘 자라"

라고 말했으니, 그것만큼은 지키려고 노력해 본다. 그리고 마찬가지로 내 가수가, 내 배우가 '밥잘잠잘' 하면서 즐거운 하루를 보내길 기원한다. 서로의 별일 없는 일상을 응원하는 것. 그게 내가 생각하는 연예인과 팬의 관계이다.

# 안 고독한 방,
우리는 서로의 안녕을 바란다

**고독방,
사진으로 대화합니다**

덕질 관련 신기한 문화 중 하나가 '고독방'과 '안 고독방'이었다. 어디서 처음 시작했는지는 모르겠지만, 텍스트 대화 없이, 오직 최애의 사진으로만 대화하는 '고독방'과 최애를 공통 주제로 무슨 말이든 해도 되는 '안 고독방'은 둘 다 나에게 문화충격이었다. 모르는 사람 수백 명이 모여서 그런 귀여운 단체 행동을 한다는 게 믿기지 않았다. 이제는 나도 꽤 익숙해져, 몇 개의 고독방과 안 고독방에 들어가 있다. 그 단(체)톡방에서 어떤 일이 벌어지는지 보고 느낀 바를 이야기해 보겠다.

'고독방'에서 내가 제일 신기하게 생각하는 것은 그 안에 소속된 사람들의 이타성이다. 예를 들어 이런 상황이 많이 발생한다. 새로 들어온 사람이 '배우님 셀카 올려주세요'라고 적은 그림(글이면 안 된다. 고독방에서 텍스트 채팅은 금지)을 게시한다. 몇 초에서 몇 분의 시간이 흐른다. 갑자기 고독방 채팅창에 배우의 인스타그램에 올라왔던 셀카 사진들이 묶음으로 주루룩 올라온다. 사람들은 올라온 사진에 부지런히 하트를 누른다. 때로는 이럴 때도 있다. 누군가가 텍스트콘(글을 그림처럼 보이게 하는 카카오톡 기능)으로 '배우님이 저번 인스타 라이브에서 사용하고 있었던 텀블러 뭔지 아시는 분 계신가요?'라고 올린다. 그러면 곧이어 제품의 사진이나 판매 링크가 올라온다. 질문했던 사람은 배우가 손하트를 만든 사진을 올림으로써 감사 인사를 대신한다.

그 모습들이 너무 귀엽다. 최애가 같은 덕후가 질문한다고 해서, 다른 덕후들이 그 질문에 답해줘야 하는 의무는 전혀 없다. 오히려 '훗, 저 사람은 못 가지고 있는 걸 나는 가지고 있지' 하고 이기적으로 좋아할 수도 있었다. 그러나 이타심 가득한 덕후들은 마치 아낌없이 주는 나무처럼 최애를 사랑하는 저 누군지도 모르는 덕후를 위해 기꺼이 내가 미리 저장한 사진을 푼다. 그 자체로 너무나 귀엽고 사랑스럽다.

'안 고독방'은 최애에 대한 사랑이 좀 더 극대화된 형태로 나타난다. 내가 들어가 있는 안 고독방은 하나인데, 평소에는 매우 조용하다가 딱 두 가지 경우에만 활성화된다. 첫 번째는 당연히 최애가 활동할 때다. SNS에 사진이 올라오거나 어딘가에 새로운 떡밥이 떴을 때, 갑자기 수십 개의 알람이 뜬다. '인스타 업로드요!' '너무 귀여워요 미친ㅠ' 업로드 소식과 의미없는 감탄사들이 채팅창을 지배한다. 두 번째로는 하루가 시작될 때다. '힘든 월요일이지만 모두 행복한 하루 보내세요' '금요일이니까 오늘만 버티면 주말입니다. 파이팅입니다!'와 같은 아침 인사가 천여 명이 들어와 있는 안 고독방에 여러 개 올라온다.

어째서 사람들은 최애를 주제로 돌아가는 단톡방에서 얼굴도 본 적 없는 이들에게 하루를 잘 보내라고 인사를 남길까? 그 행태가 무척 신기했다. 고민 끝에 내린 결론은, 최애가 같다는 이유만으로 같은 단톡방에 속한 사람들은 그만큼 소속감과 친밀감을 느낀다는 거였다. 같은 사람을 사랑하기 때문에 나뿐만 아니라 너도 좋은 하루를 보내길 바라는 마음. 그 마음이 안 고독방을 굴러가게 한다.

나는 고독방이나 안 고독방에서 사진을 올리거나 채팅을 하지는 않고 조용히 있는 편이다. 하지만 사람들이 사진이나 정보를 올리면 꼭 하트를 누른다. 최애를 둘러싼 몽글몽글한 이타심들이 계속 유지되기를 바라니까. 오늘도 여러 개의 고독방을 돌아다니며 열심히 하트를 눌렀다.

탈덕할 때의
예의

좋은 추억으로
남기기로 해

모든 일에는 시작이 있듯이 끝도 있는 법이다. 덕질도 마찬가지다. 최애의 모든 것이 궁금했던 입덕 시기를 넘어 하나부터 열까지 다 파악을 끝낸 안정기를 지나, 내 기대와 다른 모습에 실망하거나 덕심이 식는 시기를 경험한다. 특히나 덕심이 식는 그 시기, 많은 덕후가 휴덕이나 탈덕을 한다. 내가 관심을 가지는 부분은 탈덕 그 자체가 아니라, 탈덕을 하는 방식이다.

탈덕한 팬이 가장 무섭다는 말, 덕후라면 한 번쯤은 들어봤을 것이다. 돌이켜 보면 덕후는 얼마나 집요한 존재인가? 최애의 인스타그램 과거 게시물을 전부 복습하고, 그의 과거 행적을 구글링하며, 그의 사소한 습관이나 버릇까지 전부 파악한다. 물론 이 모든 집요한 행위는 긍정적인 의도로 이루어진다. 최애의 작은 특징 하나까지 찾아내 좋아하고 또 좋아하기 위해 파고든다. 덕질을 유지하는 한 (일단은) 이 행위는 아무런 문제도 되지 않는다. 최애에게도 덕후에게도 좋은 일이다.

문제는 이렇게 집요한 덕질을 했던 덕후가 탈덕을 한 뒤 벌어진다. 이 덕후의 마음은 이미 덕질 대상에게서 (무슨 이유에서인지 덕후마다 다르지만) 떠났다. 하지만 그 덕후에게는 이제는 최애가 아닌, 탈덕 대상에 대한 방대한 데이터베이스가 남아 있다. 그가 뭘 좋아하고 싫어하는지, 긴장했을 때는 어떤 버릇이 나오는지, 친한 친구는 누구이며 그 친구들과 평소 인스타에서 어떤 댓글들을 주고받는지 등등. 덕후가 탈덕했을 때, 가끔 이 수많은 정보는 기존의 덕질 대상을 공격하기 위한 무기로 탈바꿈한다.

덕후라면 최애에게 크게 실망할 수 있다. (덕후가 보기에) 프로의식이 없는 행동을 했을 수도 있고, 연애하는 과정에서 팬들을 기만했을 수도 있고, 심한 경우 9시 뉴스에 나올 만한 사회적인 물의를 일으켰을 수도 있다. 최애의 행위 때문에 덕후가 크게 상처받을 수 있다. 그렇다면 상처받은 덕후는 어떻게 반응해야 할까? 아무리 생각해 보아도 내가 생각하는 답은 '좋아하기를 그만두는 것'밖에 없다.

그런데 요즘은 그렇게 생각하지 않는 사람들이 많다. 자신(덕후)이 탈덕 대상에게 느낀 배신감과 분노를 표출하고 싶어 하는 사람들이 많다. 장문의 탈덕문을 쓰고, 내가 왜 그에게 실망했는지를 모두에게 알린다. 내가 사랑했다는 이유로, 돈과 시간을 아낌없이 쏟았다는 명분으로 말이다. 여기까지는 그럴 수도 있다. 그런데 요즘은 여기서 멈추지 않는다. 새로운 SNS 계정을 파서 덕질했던 대상을 공격하고, 그가 사과하고 탈덕의 원인이 된 행위를 중단할 것을 요구한다. 그리고 이런 비난 과정에서 그간 덕질할 때 모았던 정보들을 활용한다. 예를 들어 '내가 너 지난달에 A에 가서 B 했던 것도 입 다물고 있었는데 어떻게 이럴 수가 있어?'와 같은 식이다(A에 가서 B를 한 것이 덕질했던 대상의 이미지에 치명적인 어떤 것이라는 가정하에).

  아무리 생각하고 또 생각해도, 내가 정말 실망해서 탈덕했던 구 최애들을 대입해 고민해 보아도, 내가 탈덕했다고 해서 이전에 덕질했던 사람을 공격할 권리가 생긴다고 여겨지진 않는다. 더군다나 기존에 덕질할 때 모았던 정보들을 활용해 그 사람을 인신공격 수준으로 비난하는 것은 일견 무섭게까지 느껴진다. 어떤 사람은 이런 의견에 대해 최애의 성공을 위해 앨범을 사고 스트리밍을 돌리는 고생을 했으니 이 정도 권리는 있다고 할지도 모르겠다.

  하지만 내가 최애의 성공을 위해 무슨 노력을 했든지 간에 변하지 않는 사실 하나가 있다. 그것은 내가 좋아하는 마음에서 한 것이지 최애가 시켜서 한 것이 아니다. 결국 나 좋자고 했던 것들이다. 나 좋자고 했던 그 행위들이 덕질 대상을 향해 공격해도 된다는 이유가 되지는 않는다. 아무리 사랑했고 가깝게 느꼈다 한들, 최애는 엄연히 나와는 다른 타인이고 최애는 최애의 방식대로(그게 옳든 그르든) 그의 인생을 산다. 덕후로서 할 수 있는 것은 그런 그를 좋아할지 말지를 선택하는 것이지, 그를 내가 원하는 대로 개조하거나 혼내서 내가 옳다고 생각하는 삶을 살게 만드는 것이 아니라는 점을 분명히 하고 싶다.

나에게도 어떤 이유로든 크게 실망하여 탈덕한 구 최애가 있다. 가끔 내가 열심히 저장해 두었던 그의 예전 영상을 보면, '아, 나 이때 이 사람을 정말 좋아했었지. 이 사람의 이런 부분이 정말 사랑스러웠지. 나 정말 진심이었구나'와 같은 생각에 잠긴다. 나에게 탈덕이란 딱 그 정도의 추억이다. 이전처럼 좋아하지 않고 지금은 관심도 없지만, 과거에 열렬히 사랑했던 존재. 그 이상으로 탈덕 대상에게 뭔가를 하는 것은 아무리 생각해도 옳지 않다. 덕질할 때도 지켜야 할 선이 있듯이, 탈덕할 때도 예의가 필요하다. 만남이 아름다웠던 만큼, 이별도 깔끔해야 한다.

라떼의
덕질은 말이야

**1세대와 5세대
덕질을 비교해 보았습니다**

 부모님께 용돈을 타서 쓰던 시절에는 덕질에 돈을 쓸 때 늘 망설였다. 금액이 부담되기도 했지만, 삶에 필수적인 요소가 아닌 것에 귀중한 용돈을 써도 되나 하는 마음이 있었다(그렇다고 안 쓴 것은 아니다). 여하간 그때는 좋아하는 아이돌의 새 앨범이 나오면 딱 한 장만 사서 소중히 보관했으며, 굿즈가 나오면 그중 제일 마음에 드는 것 하나만 골라 샀다.

 직장인이 되고 나서 이런 나의 마인드는 완전히 바뀌고

말았다. 늘 스트레스로 가득 찬 직장인, 정신과 몸을 갈아 넣어 번 돈을 기꺼이 덕질에 태운다. '그렇고 그런 일까지 해서 돈을 왜 벌어, 이런 데 쓰려고 버는 거지!'의 마인드로 덕질에 과감히 큰 금액을 투자한다. 내 가수 음반이 새로 나오면 판매량 올려줘야 하니까 수십 장 이상 구매, 새 굿즈가 나오면 실사용 버전과 소장용 버전 각각 구매, 콘서트는 가격 안 보고 결제. 물론 이러기 위해서 버는 돈이 아닌 거 나도 안다. 자고로 월급이란 최소 50퍼센트는 모으고 나머지 금액을 생활비와 자기계발비로 써야 한다는 것 말이다. 하지만 하루 종일 서류 작업을 하다 지쳐서 집으로 돌아가는 길에 최애의 신규 굿즈 소식을 보면, 이런 생각이 들 수밖에 없는 것이다. '이 스트레스를 풀기 위해서는 써야 해!' 그 돈은 그렇게 보통 다 내 최애를 위해 쓴다.

덕질에 투자하는 돈이 나이와 정비례한다면, 체력은 정확히 반비례한다고 볼 수 있다. 어렸을 때는 최애의 콘서트가 있는 날이면 아침부터 같이 가는 친구와 만나서 수다 떨고, 콘서트를 보고, 콘서트 후기를 푼답시고 또 새벽까지 수다를 떨고서야 집에 돌아갔다. 지금은 체력이 부족해서 누가 돈을 준다고 해도 그렇게까지 노는 것이 불가능하다. 교체 시기를 지난 스마트폰마냥 급속도로 떨어지는 체력을 가진 몸뚱아리는 한시라도 빨리 어딘가에 눕기를 요구한다. 좋아했던 배우의 팬미팅에 갔다가 퇴장하는 길, 공연장 앞에서 배우의 퇴근길을 기다리는 팬들의 모습을 본 적이 있다. 그때 나의 선택은 '최애고 뭐고 난 집에 갈래'였다. 마음보다 중요한 건 내일 출근해야 하는 내 체력이다.

나이가 들면서 달라지는 덕질의 특징이 하나 더 있다. 바로 마인드가 바뀐다는 점이다. 한창 1세대 아이돌을 덕질하던 소녀 시절의 나는 덕질할 때 덕질 대상을 정말 아이돌처럼 대했다. 신격화했다는 얘기다. 나의 최애는 무결점한 인간이며, 앞으로도 잘못된 행동은 하나도 하지 않을 것이라 믿었다. 그런데 인간이면 당연히 실수를 하고, 내 마음에 안 들게 행동할 수도 있으니 어린 시절의 소녀는 반드시 실망하는 단계에 이르렀다. 어린 마음에 "오빠가 어떻게 나한테 그럴 수가 있어!"를 외치면서 화를 내고 속상해했다.

그러나 시간이 흐르면서 내가 최애보다 나이가 많은 시기가 되자, 마인드가 바뀌었다. 나보다 대여섯 살(혹은 그 이상) 어린 사람을 좋아하다 보니, 최애가 실수하거나 내 마음에 들지 않게 행동하더라도 '그래, 그럴 수 있지. 아직 어리니까'라고 너그럽게 생각하게 되었다. 최애가 좀 잘못하는 정도는 너른 마음으로 품는다. '안 그랬으면 더 좋았겠지만 어쩔 수 없지' 같은 마음이다. 나이가 든다는 것의 장점은 스스로에게도, 다른 사람에게도 좀 더 너그러워진다는 점이다.

호호 할머니가 되어서도 덕질을 하고 있을지는 잘 모르겠다. 지치지도 않고 또 다음 최애에게 홀랑 빠지는 내 모습을 봐서는 아마 그때도 하고 있을 것 같다. 최애의 디너쇼 1열을 목표로 티켓팅을 하고 있지 않을까? 선배 할머니 덕후분들을 보면 열정만큼은 요즘 애들 못지않던데, 나도 그렇게 할 수 있을까? 체력적으로 다소 부족할 수는 있겠지만 세상살이 많은 것을 경험해 본 어른으로서 최애를 보듬는 성정을 가진 할머니 덕후가 되고 싶다.

덕질은 결국
나를 사랑하는 것

소설 합평을 들으면서 느꼈던 것

이런 글 실력이지만(?) 등단을 목표로 꾸준히 소설 습작을 쓰고 있다. 내가 처음부터 끝까지 만든 세계에서 하고 싶은 말을 할 수 있다는 점에서, 소설은 에세이와는 다른 매력을 가지고 있다. 내가 쓴 소설의 피드백을 받기 위해 합평 수업을 신청해서 듣곤 한다.

덕질을 주제로 한 책을 쓰고 있는 사람답게, 평소에도 덕질에서 비롯되는 여러 감정에 관심이 많은 편이다. 그래서인지 덕질을 소재로 한 소설 습작도 벌써 두 편이나 썼다. 그중 한 편은 간단히 말하면 주인공 영주가 아이돌 A를 좋아하다가 중간에 마음이 변해 아이돌 B를 좋아하게 되는 전개의 이야기였다. 그 소설을 가지고 나는 이유리 작가님의 수업을 들으러 갔다. 드디어 내 소설에 대해 합평을 받는 날이 왔고, 작가님의 코멘트를 듣는 시간이었다. 작가님은 (내 기억에 따르면) 이렇게 말씀하셨다.

"재미있는 것은, 이야기 속에서 주인공인 영주가 A를 좋아할 때는 A에게 자신을 대입하다가, B를 좋아하게 되면서 자연스럽게 B에 자신을 대입하고 있다는 점입니다. 결국 덕질이라는 건 자기 자신을 사랑하는 하나의 방식인지도 모르겠어요."

그 순간, 선생님이 내 소설에 대한 평을 하고 있으니 열심히 들어야 한다는 사실조차 잊고 멍해졌다. 내가 그간 계속 고민해 왔던 문제에 대한 명쾌한 해답을 찾았기 때문이다.

어릴 때부터 자연스럽게 덕질을 하면서 자랐다. 그러다

보니 덕질에 대한 안 좋은 시선도 많이 받았다. "쓸데없는 데 돈 쓰고 감정 쓰는 멍청한 빠순이들"이라는 평가를 쉽게 들었다. 더욱 견딜 수 없는 것은, 속으로 나도 어느 정도 그런 비난에 동의했다는 것이다. '나조차 나를 사랑하지 못해서 다른 사람에게 그 애정을 쏟아붓는 방식으로 사는 게 아닐까?' 그런 생각을 할 때마다 스스로가 더욱 싫어지곤 했었다. 어른이 되고 나서야 '그러든지 말든지 일단 재미있으니까 하고 보자'라는 마인드로 덕질을 했지만, 은연중에 이건 그리 자랑스럽지만은 않은 취미생활이라는 생각을 하고 있었던 것 같기도 하다.

하지만 사람들이, 그리고 나 스스로가 비난해 온 것과 달리 덕질은 내 삶을 더욱 풍요롭고 행복하게 만들었다. 내게 새로운 경험을 선사했고, 힘들 때마다 위로가 되었고, 더 나은 방향으로 나아갈 수 있게 도와주었다. 덕질이 어떻게 나쁜 것일 수 있을까? 그런 고민에 대한 답을 작가님의 말씀에서 듣게 되었다. 덕질은 결국 나를 사랑하는 또 하나의 방식이라는 것. 최애에 대한 절대적인 사랑은 결국 나를 향한 사랑의 다른 모습이었다.

나와 MBTI가 똑같은 최애가 약한 모습을 고백할 때 너무 공감되어 눈물이 났던 것도, 최애가 일이 잘 풀려서 행복해할 때 내 일처럼 기뻤던 것도 그래서였다. 그제야 내가 덕질을 하지 않을 때보다 덕질을 하고 있을 때 더 단단하고 정신적으로 건강했던 이유를 알 수 있었다. 덕질을 할 때야말로 나는 스스로를 좀 더 사랑하던 것이다.

나를 사랑하기 정말 쉽지 않은 세상이다. 하루가 멀다고 세상은 나를 시험하고, 주위에는 나를 괴롭히는 사람이 한 트럭에 심지어 스스로를 혐오할 때도 많다. 그런 일상 중, 잠시라도 나를 사랑하게 만드는 덕질이 어찌 사랑스럽지 아니할 수 있을까? 오늘도 나는 회사에서 있었던 분한 일 때문에 혼자 울다가 내 가수의 노래를 들으며 나도 모르게 웃었다. 최애를 향한 사랑은 무조건, 나에게로 더 크게 돌아온다.

에필로그

♥

♥

♥

 브런치스토리에 글을 쓰기 시작했을 때부터 마음 한구석에서는 호기롭게 브런치북 출판 프로젝트 대상을 꿈꿨지만, '내가 대상 노린다' 했던 글은 이번에 책으로 나온 것이 아니었다. 입신양명을 위해 쓴 글은 다른 것이었고, 이 책의 근간이 된 브런치북 〈제가 덕질하는 사람처럼 보이나요?〉는 순전히 자기만족을 위해 쓴 시리즈였다. 그러다 보니 읽는 사람은 별 감흥이 없을 것 같아서 연재 중간중간 다른 연재물을 끼워 넣어 연재하기도 했었다. 그래도 덕질 시리즈를 연재할 차례가 되면 글쓰기 전부터 벌써 설렜고 신이 났다. 한참 재밌는 덕질을 하고 있을 때라 그때의 사무치는 그 마음을 글로 써내고도 혼자 마음이 붕 떠서 쓴 글을 읽고 또 읽곤 했던 기억이 있다.

그렇게 썼던 글이 브런치북 출판 프로젝트 대상에 선정되었다는 소식을 듣고 생각했다. 오직 나 혼자만을 위해서 썼던 글이 대상이라니? 어안이 벙벙했지만, 솔직히 그래서 더 기뻤다. 남들이 좋아할 만한 것들을 잘 골라 내놓았을 때 세상의 반응을 보는 것도 짜릿하지만, 내가 진짜 좋아해서 소중히 감춰 뒀던 것을 슬쩍 보여 줬을 때 좋은 반응을 얻으니 더 기뻤다. 내 덕질 에세이가 높은 경쟁률을 뚫고 출판사의 선택을 받았음을 알았을 때 그래서 더 행복했다.

책을 쓰면서 힘든 일도 분명 많았다. 브런치에 덕질 관련 모든 소재의 글들을 쏟아냈다고 생각했는데 책을 위해 더 써야 함을 깨달았을 때는 앞이 막막하기도 했고, 퇴고를 거치면서는 나의 하찮은 표현력에 몇 번이고 좌절했다. 하지만 솔직히 그 과정마저도 무척 재미있었다. 원고 작성을 위해 점심시간에 회사 사람들 몰래 공유 오피스에 가서 글을 쓰는 것도, 책의 완성도를 위해 편집자님과 메

일을 주고받는 것도 나에겐 작가로서 할 수 있었던 특별한 경험이었다. 이 기억을 평생 소중히 가지고 가려 한다.

이 책에 등장한 한 명 한 명의 최애들(최애인데 여러 명인 것이 이상하다는 것 나도 안다)에게 진심으로 감사하다. 내가 그들을 사랑할 때 하루하루 살아갈 수 있는 에너지를 준 것만으로도 충분히 고마운데, 이렇게 책까지 낼 수 있게 해 주다니! 덕질하면서 그간 몸도 마음도 고생 많이 했지만, 이 책을 위한 것이었다고 생각하니 하나도 아깝지 않다. 엄마, 딸이 덕질에 돈 쓴다고 걱정 많이 하셨죠? 그게 다 이 책을 쓰기 위한 투자였다고요!(아님)

브런치북 출판 프로젝트를 만들어 주신 브런치스토리 관계자들과 나의 첫 책을 위해 너무나 많이 챙겨 주신 출판사 관계자들께 무한한 감사를 드리고 싶다. 내 책이 나온다는 말을 들었을 때 함께 기뻐해 준 가족과 친구들에게도 감사하다. 그리고 마지막으로 글쓰기에 영 재능이 없음을 처절히 느끼면서도 쓰는 것을 포기하지 않고 계속해 낸 나 자신에게 고맙다고 말하고 싶다. 앞으로도 열심히 성실히 글을 쓸 것이다. 부디 글 쓰는 나에게 이 책만큼 놀라운 일들이 또 일어나길 바라며.

사랑할수록
나의 세계는
커져간다

1판 1쇄 인쇄 2025년 6월 23일
1판 1쇄 발행 2025년 7월 10일

지은이 김지원(편안한제이드)

발행인 양원석 **편집장** 김건희 **책임편집** 서수빈
디자인 최승원, 김미선 **영업마케팅** 조아라, 박소정, 김유진, 원하경

펴낸 곳 ㈜알에이치코리아
주소 서울시 금천구 가산디지털2로 53, 20층 (가산동, 한라시그마밸리)
편집문의 02-6443-8903 **도서문의** 02-6443-8800
홈페이지 http://rhk.co.kr
등록 2004년 1월 15일 제2-3726호

ISBN 978-89-255-7343-4 (03810)

※ 이 책은 ㈜알에이치코리아가 저작권자와의 계약에 따라 발행한 것이므로
본사의 서면 허락 없이는 어떠한 형태나 수단으로도 이 책의 내용을 이용하지 못합니다.

※ 잘못된 책은 구입하신 서점에서 바꾸어 드립니다.

※ 책값은 뒤표지에 있습니다.